CÓMO SOBREPONERSE
AL LADO OSCURO DEL
LIDERAZGO

LA PARADOJA DE LA DISFUNCIÓN PERSONAL

Gary L. McIntosh
Samuel D. Rima

CASA CREACIÓN
Para vivir la Palabra

Para vivir la Palabra

MANTÉNGANSE ALERTA;
PERMANEZCAN FIRMES EN LA FE;
SEAN VALIENTES Y FUERTES.
—1 CORINTIOS 16:13 (NVI)

Cómo sobreponerse al lado oscuro del liderazgo
por Gary I. Mcintosh y Samuel d. Rima
Publicado por Casa Creación
Miami, Florida
www.casacreacion.com
©2005, 2021 Derechos reservados

ISBN: 978-1-59185-521-7

Desarrollo editorial: *Grupo Nivel Uno, Inc.*
Diseño interior: *Grupo Nivel Uno, Inc.*

Publicado originalmente en inglés bajo el título:
Overcoming the Dark Side of leadership
por Baker Books,
una división de Baker Publishing Group
Grand Rapids, Michigan 49516 USA
Copyright © 1997 Gary I. Mcintosh y Samuel d. Rima
Todos los derechos reservados.

Nota de la editorial: Aunque el autor hizo todo lo posible por proveer teléfonos y páginas de Internet correctas al momento de la publicación de este libro, ni la editorial ni el autor se responsabilizan por errores o cambios que puedan surgir luego de haberse publicado.

Impreso en Colombia

21 22 23 24 25 LBS 9 8 7 6 5 4 3 2 1

Sam: Dedico este libro a mi esposa, Sue. Debido a su carácter semejante a Cristo y su increíble amor por mí, he podido tratar mejor el lado sombrío de mi carácter. Ella es mi mejor amiga y mi mayor bien en el ministerio y en la vida. Ella me ha capacitado para ir a lugares y lograr metas que habrían sido imposibles sin ella.

También dedico este libro al personal, la Junta y la congregación de la iglesia Eagle Heights Church en Omaha, Nebraska. Ellos me han permitido remontar el vuelo hasta nuevas alturas como líder, y yo soy mejor por haber tenido el privilegio de servirlos.

Gary: Dedico este libro a los miembros de la iglesia Grace Baptist Church en San Bernardino, California, quienes con paciencia soportaron mi batalla con el lado oscuro y con amor me apoyaron durante todo el proceso (1976-1983). Que todo joven pastor sea bendecido por una congregación similar y tan afectuosa.

RECONOCIMIENTOS

Si *Cómo sobreponerse al lado oscuro del liderazgo* demuestra ser útil para los líderes, debemos mucho a aquellos que han hecho posible su finalización.

Yo (Sam) debo una gratitud especial a mi esposa, Sue, que me ha enseñado más sobre el liderazgo eficaz y equilibrado que ningún libro o clase. Sue me mantuvo creyendo que yo podría completar este proyecto aun cuando yo tuve graves dudas. Su amor incondicional, su firme apoyo, su oído para escuchar y su misericordioso corazón han hecho de mí un mejor líder.

Sharon Reichwein, la administradora de la oficina en la iglesia Eagle Heights, dedicó incontables e incansables horas al formateo, edición y mejora de nuestro manuscrito. Sin sus esfuerzos altamente profesionales, este libro no habría sido terminado con el mismo nivel de excelencia que ahora tiene. Las palabras no pueden comunicar plenamente nuestra gratitud por su servicio sacrificial y su amistad personal.

El Dr. Sid Rogers ha sido también muy valioso en la preparación de este manuscrito. Sid ha sorteado numerosas preguntas con respecto a estilo, contenido y mecánica. Sid es un líder cristiano que encarna los principios sobre cómo sobreponerse al lado oscuro que se presentan en la tercera parte de este libro. Su vida y ejemplo nos han impactado eternamente.

Quiero dar las gracias a mi coautor, Gary L. McIntosh, por su aliento continuo —tanto en cartas como en conversación— para seguir este proyecto. Él es un profesor que verdaderamente se interesa por sus alumnos y ha estado disponible para mí no solo como alumno de doctorado, sino también como pastor y ahora como coautor. Su disposición para trabajar conmigo en este manuscrito ha demostrado ser de mucha utilidad.

Juntos, Gary y yo damos las gracias a nuestros editores Paul Ingle y Mary Suggs, de Baker Book House, por su excelente trabajo en este libro. Su trabajo ha enriquecido inmensamente su amenidad y su calidad. Además, varios colegas han revisado gentilmente nuestro manuscrito y han ofrecido útiles sugerencias para su mejora. Aunque no podemos nombrarlos a todos, les damos las gracias por su tiempo y energía empleados en este trabajo.

Por encima de todo, estamos agradecidos a Dios por su gracia y el privilegio de ser contados entre los escogidos y redimidos. Al final, si este trabajo genera algo positivo, la gloria y la alabanza deben ser para Él.

ÍNDICE

PRÓLOGO

¡Se abraza un mito peligroso en América Latina! El mito consiste en que el líder es una persona perfecta, todo conocedora y casi súper humana que responde a las dudas de cada persona, resolviéndole sus problemas y supliendo cada una de sus necesidades. Se le pone en un pedestal muy alto, no se le puede cuestionar ni mucho menos contradecir, ya que eso sería un pecado tan serio que podría traer consecuencias severas para el contradictor. El mito ha persistido tanto tiempo, porque nos han engañado con la idea de que este tipo de líder "superman" nos guiará a un lugar utópico donde tendremos todo resuelto. ¡Qué fácil! ¡Qué sencillo! ... ¡Qué mentira!

La verdad es simple: Todo líder tiene una área de su vida que necesita conquistar. Un lado "oscuro", un lado difícil, un lado traicionero. No existe un solo líder perfecto. En algunos círculos de América Latina, al solo escribir esas palabras me expongo a ser catalogado como hereje. No obstante, podemos seguir propagando la mentira del líder perfecto o podemos ser sinceros y enfrentar este tema de que cada uno de nosotros tenemos un lado oscuro. Es un hecho: Cada líder necesita descubrir ese lado oscuro para que, al reconocerlo, encuentre la ayuda necesaria y que no lo destruya.

En su libro *Cómo sobreponerse al lado oscuro del liderazgo*, McIntosh y Rima nos ayudan a tratar con este tema tan delicado y difícil. Aplaudo su tenacidad al abrir una discusión que le urge abordar a cada líder en todo el mundo, pero especialmente en América Latina. Después de siglos de tener líderes déspotas, dictadores y llenos de complejos mesiánicos, es tiempo que nuestros pueblos tengan

9

una generación de líderes honestos, transparentes y entregados a ayudar a las personas a alcanzar su máximo potencial. Una generación de líderes que entiende que el liderazgo tiene más que ver con suplir las necesidades de la gente que con alimentar su ego narcisista.

Me impactó profundamente cuando leí este libro hace más de cinco años atrás. Me ayudó y me guió con ternura a aceptar el hecho de que como líder y persona lucho con áreas difíciles, igual que todos los que servimos en el liderazgo. Este libro me motivó a seguir fiel al camino que abracé hace muchos años y de buscar ayuda para mis lados débiles, con el fin de que no me destruyan. Además, los autores me ayudaron a entender que la razón por la cual soy excelente en ciertas áreas de mi vida es en directa respuesta a mi lado oscuro. Esa verdad fue liberadora para mí. Esa liberación es algo que urge para nuestro liderazgo latinoamericano. Deseo que Dios use este libro para traerlo a nuevas alturas en su vida como individuo y como líder. Tiene en sus manos una herramienta que se convertirá en un gran aliado para llevarlo a la verdadera grandeza que Dios desea para todos sus líderes: ser siervos.

Marcos Witt
Agosto 2005
Houston, Texas

PREFACIO

La proliferación de fracasos importantes del liderazgo dentro de la Iglesia cristiana y de otras organizaciones cristianas durante las dos últimas décadas del siglo XX ha sido, sin lugar a duda, una de las más graves amenazas para la continuada credibilidad y viabilidad del cristianismo en una cultura norteamericana cada vez más secular y escéptica. Es común oír casi cada mes de otro fracaso dentro de algún segmento de la comunidad del liderazgo cristiano. Desgraciadamente, parece que muy a menudo los líderes que ocupan puestos muy visibles e influyentes son las víctimas de esos fracasos.

A la luz de este aumento en los fracasos entre líderes cristianos, o al menos de nuestra mayor conciencia de ellos, debe hacerse algo para educar a los líderes presentes y futuros en cuanto a las causas, resultados y potencial prevención de esos fracasos. Tristemente, se proporciona muy poca formación en esta área en los seminarios y escuelas de graduados para ayudar a futuros líderes a diagnosticar y abordar problemas o asuntos personales que puede que los inunden en su ejercicio del liderazgo. Es nuestra oración que este libro sea una ayuda para hacerlo.

LAS SEMILLAS PARA ESTE ESTUDIO

El interés inicial de Sam en el lado oscuro del liderazgo despertó durante sus días de seminario, cuando vio el imperio ministerial de Jim Bakker derrumbarse en las televisiones nacionales. Viendo con

11

asombro cómo los Bakker emitían desesperadas y enrevesadas explicaciones de sus hazañas sexuales, sus adicciones a las drogas, sus sobornos clandestinos y sus fracasos financieros mientras estaban en el liderazgo de PTL, Sam se preguntaba cómo un líder cristiano como Jim Bakker podría haber caído hasta esos extremos y cometido actos tan viles. Todo aquello fue un aviso.

Durante las secuelas de la debacle de PTL, hubo informes adicionales de fracaso moral que implicaban a Jimmy Swaggart y su colega evangelista Marvin Gorman que comenzaron a revelar lo extendidos que estaban esos escarceos con el lado oscuro entre las filas del liderazgo cristiano.

El interés de Gary por el lado oscuro del liderazgo se enfocó poco tiempo después de que se convirtiera en director del programa Doctor of Ministry (Doctor de Ministerio) en la escuela de Teología Talbot en el otoño del año 1986. Después de unos pocos años él observó con frustración y dolor cómo sus dos profesores adjuntos más populares —Gordon MacDonald y Frank Tillapaugh— revelaron fracasos morales.

¿Qué causó que líderes con dones como Frank Tillapaugh, Gordon MacDonald, Jim Bakker, Jimmy Swaggart y otros cayeran de modo tan dramático a pesar de su obvio amor por Dios y su pasión por la Iglesia? Uno pensaría que las personas que ocupan puestos con un perfil tan elevado tendrían un cuidado especial para mantener una reputación por encima de todo reproche. Casi parecía como si esos líderes fueran empujados a experimentar un fracaso en igual proporción a su éxito.

Comenzamos a explorar informalmente el trasfondo de esos líderes en un esfuerzo por aprender cuál era —si es que lo había— el hilo común en sus fracasos. Teníamos muchas ganas de saber cómo podíamos protegernos a nosotros mismos de tales vergonzosos fracasos en el futuro y ayudar a otros a evitar similares derrotas.

Observamos que a pesar de las olas de fracaso moral que besaban las playas del mundo cristiano en aquel tiempo, pocas personas que se preparaban para el liderazgo recibían instrucción u otro tipo de ayuda en este tema. En algunas escuelas parecía ser un asunto que se pasaba por alto casi a propósito. El fracaso de líderes cristianos era como un secreto de familia del que nadie quería hablar. Esto era especialmente cierto cuando las noticias de la caída de líderes evangélicos de renombre nacional llegaban a los medios de comunicación.

Otro factor motivador en el comienzo de este libro estuvo constituido por nuestras propias luchas personales con el lado oscuro. Sam descubrió que una enfermiza compulsión por tener éxito conducía a un periodo de depresión y agotamiento. ¿Qué era lo que lo empujaba a trabajar catorce horas diarias y seguir sintiéndose un holgazán? ¿Por qué sentía constantemente que otros no aprobaban su liderazgo? Gary experimentó un impulso similar que condujo a que las personas se resistieran a su liderazgo. Las frustraciones definitivas se derramaron sobre su vida familiar. ¿Qué le hizo estar tan cansado que se quedaba dormido mientras intentaba estudiar para el mensaje del domingo siguiente? ¿Por qué descubrió que su visión se apagaba por un ministerio y unas personas a las que amaba sinceramente? Todos esos eran problemas que sabíamos que debíamos explorar si queríamos seguir siendo útiles para Dios en el trabajo de su Reino.

Esas experiencias nos llevaron a ocuparnos en un estudio detallado de los fracasos en el liderazgo: sus causas y su potencial prevención. Nuestra investigación se centró en la lectura de muchas biografías, trabajos psicológicos y libros sobre formación y liderazgo espiritual, al igual que en conversaciones y entrevistas personales con líderes de todo tipo.

Durante ese estudio empezó a verse claro que existía una paradoja ilógica en las vidas de la mayoría de los líderes que habían experimentado fracasos importantes: las inseguridades personales, los sentimientos de inferioridad y la necesidad de aprobación paternal (entre otras disfunciones) que obligaron a esas personas a llegar a ser líderes exitosos fueron muchas veces los mismos problemas que precipitaron su caída. Esta paradoja puede verse en las vidas de líderes tan distintos como Adolf Hitler, el general Douglas MacArthur, Richard Nixon y el senador Gary Hart, por nombrar solo a unos cuantos. También puede verse en las vidas de algunos de los líderes de la Biblia.

Por tanto, necesitábamos encontrar un modo de ayudar a los líderes a reconocer y tratar el lado oscuro en ellos mismos. El resultado fue una estrategia que los líderes, armados con un nuevo entendimiento acerca de sí mismos, pueden implementar y que puede capacitarlos para triunfar sobre su lado oscuro y evitar el fracaso importante en el ejercicio de su liderazgo.

LOS SUPUESTOS BÁSICOS DEL LIBRO

Al igual que en todas las obras, hay numerosos supuestos que son la base del desarrollo de este libro y de la comprensión que tiene el lector del material presentado. Son supuestos derivados de nuestro estudio de varios temas, incluyendo nuestras propias experiencias personales, una importante colección de literatura sobre los temas del liderazgo y la disfunción personal, y la observación y las conversaciones con quienes están implicados en el liderazgo de iglesias y de numerosas organizaciones cristianas. Brevemente, se supone que:

1. Todo líder sufre de algún grado de disfunción personal que varía desde ser extremadamente suave a ser extremadamente aguda.
2. La disfunción personal, de una forma u otra, a menudo puede servir como el impulso que hay detrás del deseo de un individuo de lograr el éxito como líder.
3. Muchos líderes no son conscientes del lado oscuro de sus personalidades y de las disfunciones personales que los impulsan.
4. Las características personales que empujan a los individuos a tener éxito y a dirigir, a menudo tienen un lado sombrío que puede lisiarlos una vez que llegan a ser líderes, y muchas veces causa un fracaso importante. Esta dinámica es la que ha sido calificada en este libro como la "paradoja de la disfunción personal en el liderazgo".
5. Aprender acerca del propio lado oscuro y las disfunciones que lo han creado puede capacitar a los líderes para abordar esas

áreas y prevenir, o al menos mitigar, los potenciales efectos negativos en su ejercicio del liderazgo.

6. La Escritura tiene mucho que decir sobre el lado oscuro de la personalidad humana y las motivaciones que nos empujan al logro, lo cual puede ser útil para los líderes en sus esfuerzos por comprenderse a sí mismos y vencer esas áreas de sus personalidades que podrían amenazar su eficacia como líderes.

DEFINIR LA BATALLA

Aun cuando esos supuestos básicos se reconocen hasta cierto grado, muchos en la comunidad cristiana relegan el problema enteramente a la esfera de la guerra espiritual y el ataque demoníaco. Los líderes espirituales caídos muchas veces son considerados víctimas en una batalla espiritual cósmica y poco más. Pero el problema no concluye tan fácilmente. Con la aparición de la generación Baby Boom y la ascendencia de sus miembros a puestos de liderazgo durante los años setenta y ochenta, Norteamérica y la Iglesia descubrieron una generación plagada de una plétora de disfunciones personales.[1] Ya fuese la disfunción de la codependencia, de comportamientos adictivos, de desórdenes obsesivo-compulsivos, desorden de personalidad narcisista, hijos adultos de alcohólicos, o cualquier otro de una amplia variedad, las disfunciones personales se convirtieron en el distintivo de la generación de los Boomer y en un punto central de los ministerios eclesiales.

Cuando los Boomer ascendieron a sus papeles de liderazgo, llevaron consigo sus variadas disfunciones. La mayoría de líderes cristianos trágicamente caídos durante los pasados diez o quince años han sido Baby Boomers que se sentían impulsados a alcanzar logros y éxitos en un ambiente eclesial cada vez más competitivo y demandante. Muchas veces su ambición ha sido una sutil y peligrosa combinación de sus propias necesidades disfuncionales y una cierta medida de deseo altruista de extender el Reino de Dios. Sin embargo, debido a que la ambición se disfraza fácilmente en los círculos cristianos y se expresa en lenguaje espiritual (la necesidad de cumplir la Gran Comisión y extender la Iglesia), las disfunciones que impulsan a los líderes cristianos a menudo pasan inadvertidas y no son desafiadas hasta que es demasiado tarde.

LAS METAS DEL LIBRO

Mientras que no podemos prometer tener todas las respuestas, este libro le ayudará a lograr tres cosas. En primer lugar, le guiará en la comprensión de lo que es el lado oscuro. En segundo lugar, le ayudará a identificar su propio lado oscuro. Y en tercer lugar, le dará algunos pasos concretos para vencer el lado oscuro que acecha en su éxito antes de que sea usted inesperadamente cegado por él.

Para abordar estos tres temas hemos dividido el libro en tres partes. En la primera parte: Comprender nuestro lado oscuro, veremos de cerca lo que es el lado oscuro, cómo se desarrolla y los resultados que a menudo crea. Después, en la segunda parte: Descubrir nuestro lado oscuro, repasaremos los cinco problemas del lado oscuro experimentados más a menudo por los líderes y le ayudaremos a determinar cuál de ellos es más probable que usted encuentre en su propia vida. Finalmente, en la tercera parte: Redimir nuestro lado oscuro, ofreceremos un plan de cinco pasos para sobreponerse al lado oscuro.

Antes de poder comenzar eficazmente a vencer nuestro lado oscuro y mitigar sus efectos negativos, debemos ser capaces de identificar los problemas concretos con los que batallamos y aprender cómo se han convertido en asuntos del lado oscuro para nosotros. Esto requerirá una comprensión y perspectiva especiales, que se encuentran en los capítulos 2 al 11. Por tanto, resista la tentación de saltar directamente a los pasos prácticos de la tercera parte.

Al escribir este libro, nuestra oración es que *Cómo sobreponerse al lado oscuro del liderazgo* sea el primer paso para usted en un viaje de toda la vida de descubrimiento de usted mismo, un viaje que le conducirá a una vida y ministerio más satisfactorios y eficaces por causa de nuestro Señor y Salvador, quien nos prometió una vida abundante.

COMPRENDER NUESTRO LADO OSCURO

1

PARTE

1

CEGADOS POR EL LADO OSCURO

Al igual que el agua que revienta desde detrás de un dique roto, las palabras se derramaban teñidas de una aterradora combinación de ira y amargura. "¡Abandono! ¡Simplemente no puedo hacer esto más! No importa lo que haga o lo mucho que trabaje, nunca es lo correcto y nunca es lo bastante bueno. ¡Sencillamente no puedo agradar a todo el mundo! De todos modos, ¿qué espera la gente de mí?".

Fue mi esposa quien se convirtió en la confiada y desafortunada víctima de ese maremoto de emoción. Íbamos conduciendo para visitar a unos amigos cuando mi dique emocional se soltó, agarrando a mi esposa totalmente por sorpresa. Sin previo aviso, mi mundo interior previamente bien ordenado se tambaleaba fuera de control. Las lágrimas se derramaban incontroladamente, y me sentía completamente perdido. Simplemente no podía pensar con claridad ni recuperar mi equilibrio interior. Era como si una enorme, siniestra y oscura nube me cubriera, y por primera vez en mi vida yo no tenía esperanza. La arremetida emocional fue tan repentina y abrumadora que yo sentía que la única solución era abandonar el ministerio.

¿Qué fue lo que había encendido esa explosión tan poderosa en mitad de lo que era, según todas las definiciones, una etapa muy exitosa y eficaz del ministerio? Si se hubiera producido durante un tiempo de frustración o fracaso profesional, podría haberse explicado y comprendido con facilidad. Pero al llegar, como lo hizo, tras dos años de un tremendo crecimiento ministerial, la finalización de un traslado a las primeras instalaciones de nuestra iglesia y una vida familiar muy satisfactoria, era confuso y aterrador. ¿Qué me estaba ocurriendo? ¿Por qué me sentía como si estuviera sufriendo un colapso? ¿De dónde provenían esa ira, depresión y sentimiento de absoluto fracaso tan repentinos? ¿Por qué ocurrió en ese momento, de esa manera, y en ese lugar?

La respuesta puede que le sorprenda. Yo había sido cegado por el lado oscuro.

¿QUÉ ES EL LADO OSCURO?

El lado oscuro, aunque suene bastante siniestro, es en realidad un resultado natural del desarrollo humano. Son los impulsos, compulsiones y disfunciones internos de nuestra personalidad que muchas veces no son examinados o permanecen desconocidos para nosotros hasta que experimentamos una explosión emocional —tal como se describió en la vida de Sam— o algún otro problema importante que hace que busquemos un motivo por el que eso ocurrió.[1] Debido a que es una parte de nosotros de la que no somos conscientes hasta cierto grado, que acecha entre las sombras de nuestra personalidad, la hemos catalogado como el lado oscuro de nuestra personalidad. Sin embargo, a pesar de la imagen mental que crea el término *lado oscuro*, no es —como veremos— exclusivamente una fuerza negativa en nuestras vidas. En casi cada caso los factores que finalmente nos minan son sombras de los factores que contribuyen a nuestro éxito.

A veces el lado oscuro parece saltar sobre nosotros de manera inesperada, pero en realidad ha estado acercándose a nosotros de manera lenta y sigilosa. El desarrollo de nuestro lado oscuro se ha estado confeccionando toda la vida a pesar de que el asalto por parte de esas poderosas emociones, compulsiones y disfunciones puede que sea repentino. Al igual que vinagre y soda lentamente forman juntos un remolino en un envase herméticamente cerrado, nuestras personalidades han estado entremezclándose con ejemplos, emociones, expectativas y experiencias que con el paso del tiempo han creado nuestro lado oscuro.

Si no se cuida, la mezcla finalmente explotará con gran ferocidad. Para algunos, la tapa puede seguir puesta por bastante tiempo antes de que finalmente se produzca la explosión. Otros sienten las extrañas emociones y el inquietante burbujeo en lo profundo de su ser, y no sabiendo con seguridad lo que está ocurriendo, periódicamente liberan un poco de la presión levantando la tapa en un acto solitario de frustración o alguna otra forma de liberación emocional. Sin embargo, para otros, esas extrañas emociones en su interior son negadas, ignoradas, explicadas y hasta completamente reprimidas hasta que finalmente el envase ya no puede dilatarse más y explota en un repentino y masivo fracaso moral o algún otro comportamiento inesperado, sobrecogedor o raro. Esa negación y represión junto con la explosión emocional resultante son particularmente comunes entre los líderes religiosos que sienten la constante necesidad de tener el total control de sus vidas a fin de poder ministrar eficazmente a otros. A pesar de lo repentina que pueda parecer la explosión, se ha estado fraguando desde la niñez.

LA HISTORIA DE SAM

Yo (Sam) me crié en un hogar sano, amoroso y cristiano. No hubo abuso: ni emocional, ni verbal ni físico. De hecho, tuve unos padres cuya principal prioridad en la vida era el bienestar y el desarrollo de sus hijos. Esta no es una catarsis literaria en la cual culpo a mis padres de los problemas que debo afrontar como adulto. Mis padres no eran perfectos, pero hicieron todo lo que pudieron, y yo era consciente de eso aun siendo niño. Sin embargo, la manera en que yo interpreté y sinteticé los ejemplos que vi y las lecciones que ellos enseñaron no siempre fue equilibrada y correcta. Mi padre ha sido el individuo con más influencia en mi vida. Nunca he conocido o he sido consciente de otra persona con tal empuje y determinación, junto con una ética de trabajo sin igual. Le recuerdo manteniendo dos y tres empleos diferentes al mismo tiempo en un esfuerzo por sostener a nuestra familia. Él también encontraba el tiempo y la energía para remodelar nuestra casa, entrenar a nuestros equipos de béisbol y ayudar en nuestras tropas de Niños Escuchas. No recuerdo haber escuchado nunca quejarse a mi padre. Ahora estoy seguro de que él debió de quejarse a veces, pero nunca lo suficiente para dejar una impresión duradera en un pequeño muchacho que observaba y escuchaba. Cuando yo trabajaba con mi padre rastrillando hojas en el patio y haciendo proyectos en la casa, lo único que claramente aprendí fue que si un trabajo merecía la pena hacerse, merecía la pena hacerlo tan perfectamente como uno fuese capaz de hacerlo. Nunca se nos permitía conformarnos con la segunda mejor opción a la hora de realizar un trabajo. Si uno hacía el trabajo simplemente para pasar, al final tenía que pagar por ello. Esa es la manera en que mi padre ha trabajado y vivido.

A pesar de lo positivo que era ese ejemplo, la manera en que yo lo integré en mi vida proporcionó las semillas de mi lado oscuro. Me encontré a mí mismo, aun siendo un jovencito, necesitando la aprobación de los demás, en especial de mi padre. No era suficiente meramente con finalizar un trabajo y hacerlo bien; yo necesitaba que mi papá me asegurase que el trabajo era bueno y que, de hecho, había sobrepasado sus expectativas. Cualquier cosa menor que eso era un fracaso.

Mi educación religiosa proporcionó un suelo fértil para el crecimiento de mi lado oscuro. La iglesia pentecostal en la que crecí era una donde un sutil legalismo gobernaba las vidas de sus miembros. Debido a que la relación de uno con Dios estaba basada en gran parte en el comportamiento, uno nunca estaba bastante seguro de dónde estaba espiritualmente después de una semana de siembra por parte del mundo pecaminoso. Esa carencia de seguridad espiritual conducía a una repetida dedicación cada domingo en la tarde. Parecía que mantener a Dios contento era una tarea difícil y casi imposible, pero que tenía que hacerse.

Sin embargo, si uno era capaz de mantener a Dios contento y Él se agradaba de la pureza y la sinceridad de tu vida, uno sería bendecido con el bautismo en el Espíritu, evidenciado por hablar en otras lenguas. Ese era el sello definitivo de aprobación de Dios por un trabajo bien hecho. Desgraciadamente, después de varios años de "noches del Espíritu Santo" en campamentos juveniles, incontables concentraciones e incalculable número de reuniones de avivamiento, yo nunca recibí la tan codiciada bendición. Estaba claro para mí, siendo un muchacho de dieciséis años, que yo no era agradable a Dios, ya que de modo contrario habría recibido su regalo. Razonaba que yo sencillamente necesitaba trabajar con más fuerza para obtenerlo; sin embargo, la aprobación de Dios nunca llegó. Yo estaba profundamente decepcionado y destinado a vivir mis días con una espiritualidad de segunda clase: algo que yo había aprendido que nunca debiera aceptar. Pero mis intentos por obtener la sonrisa o el favor de Dios no cesaron. Simplemente comencé a trabajar más. Al igual que cuando rastrillaba hojas de árbol caídas en el patio de mi casa cuando era niño para impresionar a mi padre, quizá podría impresionar a Dios y obtener su aprobación al trabajar duro.

Continué mi búsqueda de la aprobación de Dios en el seminario. Quizá si entregaba mi vida en servicio a Dios, eso daría como resultado su tan esperada bendición. El seminario demostró ser un ambiente en el cual yo prosperaba. No solamente proporcionaba una atmósfera que demandaba trabajo duro, sino que también proporcionaba la respuesta inmediata que yo había anhelado por tanto tiempo. Debido a que había una norma objetiva para juzgar la calidad de mi rendimiento (notas y los comentarios de los profesores), y debido a que era una actividad espiritual, parecía como si cada nota fuese entregada por la mano de Dios mismo. Durante mis años de seminario, el anhelo de la aprobación de Dios pareció temporalmente satisfecho, pero esa satisfacción tuvo una vida muy corta. Yo seguía siendo una persona en busca de aprobación. Era una búsqueda que yo no podía entender o describir completamente. Yo no sabía que a pesar de la mucha aprobación que recibiese, nunca parecía satisfacer el anhelo que me carcomía en mi interior.

Comencé mi camino del enfrentamiento con el lado oscuro el día en que entré en el ministerio pastoral en una iglesia local. En el ministerio eclesial, la norma objetiva para juzgar mi rendimiento, y de esa manera la aprobación de Dios, no estaba ahí.

Mi primera tarea como pastor principal fue con una congregación recién formada en una comunidad de rápido crecimiento en el sur de California. El pequeño grupo de emocionados creyentes no tenía edificio propio, ninguna instalación para la oficina del pastor y ni siquiera los recursos económicos para pagar un salario sin la ayuda de la denominación. Era una situación hecha a la medida de una persona ansiosa por agradar y ver signos tangibles de éxito.

El primer año de ese ministerio vimos mucho éxito. Desgraciadamente, nuestro nivel de éxito había quedado reducido a un crecimiento numérico y expansión económica. Mientras yo pudiese mantener el ministerio extendiéndose en maneras que mi Junta y mis superiores en la denominación pudiesen ver, sentía cierta medida de aprobación. Pero siempre había más cosas que hacer, siempre más hojas que rastrillar, y otras hojas del árbol esperando a caer en cuanto las primeras hubieran sido rastrilladas.

La aprobación verbal por parte de los feligreses y los miembros de la Junta fue disminuyendo poco a poco, y finalmente se secó por completo ya que el éxito y el crecimiento eran lo esperado. Cuando era lento, las preguntas sobre el porqué llegaban con un impacto devastador. Yo pensaba que simplemente necesitaba trabajar más para mantener los éxitos que darían como resultado las palabras de aprobación que habían comenzado a conducir mi vida y a motivar cada decisión. Pero llega un momento en que uno no puede rastrillar con más rapidez y las hojas sencillamente siguen cayendo. Uno de los registros de mi diario personal anota el día en que comprendí que no podía trabajar tanto como para satisfacer las expectativas que yo sentía que constantemente me presionaban:

Durante los últimos dos años y medio he trabajado duro (pero nunca lo suficiente). He aconsejado (pero nunca con suficiente compasión); he socializado y compartido (pero nunca con suficientes personas). Sin duda, la iglesia ha crecido, pero no con la suficiente rapidez o lo bastante bien según mi norma interior. De muchas maneras no he asimilado el modo en que la iglesia ha crecido, y ni siquiera me permitiré a mí mismo creer que lo ha hecho. Es como si siempre estuviese esperando a que algo suceda y todo quede desmoronado. Como resultado, trabajo aún más duro para sostener todo y evitar que fracase. (15 de septiembre de 1990)

Dos días después de mi estallido en el auto con mi esposa, escribí esas palabras en una habitación de hotel en Florida cuando daba mis primeros y endebles pasos en el proceso de toda la vida de explorar mi lado oscuro. Lentamente comencé a comprender que, paradójicamente, los rasgos de personalidad e impulsos internos que me llevaron al éxito como líder fueron también lo que finalmente causó mi desesperación. Comencé a preguntarme si yo era una aberración o alguna clase de líder defectuoso espiritual y emocionalmente. ¿Había sentido alguna vez otra persona la fría sombra del lado oscuro tal como yo la había sentido?

NUNCA CAMINAMOS SOLOS

Desde aquel terrorífico y transformador encuentro con su lado oscuro, Sam ha aprendido que la suya no fue y no es una experiencia única. Es una paradoja que todos los líderes afrontan tarde o temprano. Los aspectos de la vida que nos empujan de manera positiva hacia el éxito pueden también ejercer un empuje negativo, destruyendo nuestra eficacia. Como líder, sin duda alguna usted mismo habrá experimentado esta paradoja.

No importa en qué situación dirija usted a otros. Puede que sea el Director General de una gran empresa multimillonaria o el único propietario de una empresa más pequeña con base en su hogar. Quizá trabaje como gerente o pastoree una iglesia. Puede que sea presidente de la asociación de alumnos de su escuela o de una organización fraterna o que enseñe en clases de secundaria. Dondequiera y en el puesto en que dirija usted a otros, necesita comprender su propio lado oscuro. Yo (Gary) descubrí hace años que necesitamos entender nuestro lado oscuro aun como padres y cónyuges. Al igual que la mayoría de los pastores, yo siempre esperaba tener las respuestas a las preguntas emocionales, teológicas y administrativas en la iglesia. Más tarde, cuando comencé a consultar con iglesias, de nuevo me encontré a mí mismo en una situación en la cual aquellos a quienes aconsejaba dependían de mí para la respuesta correcta. De una forma u otra, toda mi vida profesional ha estado dedicada a darles a los demás las respuestas a sus preguntas y necesidades. Desgraciadamente, esta capacidad para diagnosticar una situación y recetar una solución, la cual me llevó al éxito en la vida profesional, resultó tener un lado oscuro cuando se expresaba en las relaciones familiares.

Una persona que siempre debe tener la respuesta normalmente no sabe escuchar muy bien. Yo caí en la trampa de dar siempre respuestas a mi esposa y a mis hijos cuando lo único que ellos querían era que yo les escuchase. Los talentos y capacidades que me hicieron exitoso en el trabajo tenían un correspondiente lado oscuro que me hacía menos eficaz en el hogar.

Después de buscar ayuda con un consejero cristiano, descubrí varios otros aspectos de mi lado oscuro que estaban minando mi eficacia como líder. La ira y el dolor por haber sido abandonado por mi padre cuando yo era niño me estaban conduciendo a tener éxito como manera de ganarme su favor. Patrones de comunicación dañinos, que habían existido durante varias generaciones en la familia de mi madre, se estaban reproduciendo en mi propia vida. Si esas tendencias destructivas no hubieran sido reconocidas, admitidas y abordadas, puede que yo hubiese perdido a mi familia en el proceso de ganar el mundo.

La explosión de Sam descrita anteriormente dio como resultado un viaje de dos semanas a Florida (por recomendación de la Junta de su iglesia) a fin de que él pudiese revisar los escombros emocionales que habían quedado a raíz de su encuentro con el lado oscuro. El descubrimiento de Gary condujo a un año de consejería, donde él afrontó su lado oscuro y lentamente comenzó a controlarlo. Los dos somos afortunados. Sobrevivimos, pero no todos los encuentros con el lado oscuro terminan tan benévolamente. Como descubriremos en posteriores capítulos, los líderes muchas veces sufren importantes caídas cuando no comprenden y controlan su lado oscuro.

PUNTOS CLAVE

- El "lado oscuro" se refiere a nuestros impulsos, compulsiones, motivaciones y disfunciones internas que nos empujan hacia el éxito o minan nuestros logros.
- Nuestro lado oscuro se desarrolla lentamente a lo largo de toda una vida de experiencias, y a menudo se revela en momentos de frustración e ira.
- El lado oscuro es un desarrollo normal de la vida y puede ser un agente tanto para bien como para mal en nuestras vidas.

APLICACIÓN PERSONAL

Reflexione en la historia de Sam y en cómo su lado oscuro colisionó con su vida laboral. ¿De qué maneras ha experimentado usted colisiones similares en su propia vida, trabajo, familia o papel de liderazgo?

2

COMPAÑÍA EN EL
LADO OSCURO

Como líder espiritual, él había alcanzado una popularidad increíble. Tenía capacidades intelectuales sin igual y una moralidad que era absoluta y, sin embargo, sensibilizada por las realidades de la vida diaria de tal manera que quitaba cualquier apariencia de farisaísmo. Sus capacidades de comunicación no encontraban rival en cualquiera de sus contemporáneos locales. Predicaba con una pasión, emoción y elocuencia que contradecían su joven edad y su relativa inexperiencia. De hecho, otros pastores en su ciudad, con más años y más experimentados que él, envidiaban su don para hablar en público y el obvio impacto que causaba en su congregación y en todas las demás que escuchaban su ministerio de enseñanza. Su congregación veía a su joven pastor como el regalo de Dios para ellos. Debido a su disposición a ser transparente en el púlpito y compartir sus propios defectos y luchas con el pecado, a sus feligreses en realidad se les podía oír llamarlo un "milagro de santidad". Su ministerio causaba un increíble impacto en la ciudad de Boston.

Pero a pesar de los dones que Dios le había dado y su ministerio tan efectivo, el joven pastor tenía una vida secreta desconocida para cualquiera de los miembros de su iglesia. Aunque él predicaba con poder y emoción, su vida interior se tambaleaba peligrosamente fuera de control. El joven pastor había cometido adulterio con una mujer casada en la iglesia y ella había quedado embarazada de un hijo suyo. La congregación castigó a la joven mujer como un producto promiscuo de la sociedad, pero continuó teniendo a su joven ministro en alta estima debido a que la mujer se negó a revelar la identidad del padre de su hijo.

A pesar de lo angustioso que era, el joven líder había aprendido cómo racionalizar y ocultar su secreto. Pero cuanto más racionalizaba o pasaba por alto su flagrante fracaso moral, más atormentada se volvía su vida. Su lado oscuro hizo que se pusiera enfermo físicamente. A medida que la carga emocional y física continuó creciendo, la tapa de su vida secreta comenzó a abombarse por la presión de la mezcla volátil que había en el interior. La incongruencia entre su vida secreta y su vida profesional finalmente se convirtió en un abismo que él ya no pudo unir con excusas intelectuales. El vasto abismo que había entre sus dos mundos y la presión emocional resultante que experimentó, finalmente dieron como resultado el fracaso, la humillación pública y una muerte prematura. El nombre de ese joven y exitoso pastor era Rdo. Arthur Dimmesdale, y él fue el atormentado pastor puritano en la obra clásica de Nathaniel Hawthorne, *The Scarlet Letter* [La carta escarlata] en el Boston del siglo XVII.

Necesitamos comprender que no estamos solos en nuestra batalla contra el lado oscuro y que no es exclusiva de los teleevangelista del siglo XX y los pastores de las megaiglesias de hoy día. Hay mucha compañía en el lado oscuro. De hecho, ha habido reverendos Dimmersdale en todas las épocas y abundan en la actualidad.

LAS VÍCTIMAS ABUNDAN

A la edad de treinta y siete años, Lee (no es su nombre verdadero) era pastor principal de la iglesia más grande y de más rápido crecimiento en ese estado. En un periodo de tiempo relativamente breve, él había conducido a su tradicional iglesia desde una asistencia de aproximadamente quinientos adoradores hasta llegar el punto en que su servicio de Semana Santa del año 1995 atrajo a cinco mil quinientos adoradores, recibiendo una importante cobertura en todos los canales de noticias locales y en el principal periódico de la ciudad.

Como resultado del dramático crecimiento bajo el liderazgo de Lee, la iglesia se trasladó desde su modesto santuario de quinientos asientos y sus instalaciones de unos nueve mil metros cuadrados a una anterior fábrica con una superficie de más de noventa mil metros cuadrados en la interestatal. El traslado a las nuevas instalaciones y la subsiguiente renovación requirieron un líder enérgico, un precio de trece millones de dólares y muchos años de trabajo. Pero la iglesia, los líderes y el pastor parecían estar al nivel de la tarea.

La iglesia atraía a muchas personas con sufrimientos que procedían de trasfondos disfuncionales, y ellas encontraban sanidad y un sentido de pertenencia cuando se sentaban a escuchar los mensajes compasivos, relevantes y emotivos dados por el dinámico y joven pastor de su iglesia. El pastor Lee parecía ser capaz de entender a quienes batallaban por vivir la vida de fe e identificarse con ellos de una manera en que pocos ministros podían hacerlo. La apertura que mostraba en el púlpito atraía a las personas por miles.

Lee parecía impulsado a lograr un nivel extraordinario de éxito. Todos los aspectos del ministerio de la iglesia reflejaban el hincapié que Lee hacía en la excelencia y la relevancia. El ministerio que él estaba edificando era increíble, la aparente obra de Dios.

Trágicamente, el 15 de mayo de 1995 se vinieron abajo la vida y el ministerio de Lee. Después de una reunión de la Junta bien entrada aquella noche, él condujo hasta uno de los parques locales y allí, de manera inexplicable, él hizo exhibicionismo delante de un extraño y comenzó a masturbarse ante su vista. Aquel extraño resultó ser un oficial de policía secreto que respondía a numerosas quejas acerca de comportamientos sexuales ilícitos que presuntamente estaban sucediendo en aquel parque. El pastor Lee fue citado y acusado de exhibicionismo y conducta lasciva.[2] Él quedó devastado e intentó explicar al oficial que su extraño y escandaloso comportamiento era el resultado de un pasado de abusos. El 31 de mayo de 1995 el mismo periódico que había anunciado sus muchos e increíbles éxitos ahora anunciaba su trágica y escandalosa caída. En lugar de reconocer su delito y comenzar a explorar los problemas que podrían haberlo precipitado, él escogió construir una excusa poco convincente y contrató a un abogado para minimizar los daños. Él no quería reconocerlo.

Dos asesores que habían trabajado muy de cerca con este pastor para ayudar a facilitar el tremendo crecimiento de la iglesia comentaron que para ellos su caída no fue totalmente sorprendente. Él parecía tener un lado oscuro que era evidente para otros, al menos de forma mínima, pero que el pastor mismo no reconocía o al menos no examinaba.

El 2 de agosto de 1995 el pastor Lee fue declarado culpable de los cargos contra él y le dieron un largo permiso en su creciente ministerio, es de suponer que como precursor de su cese como pastor de parte de su denominación.[3] El pastor Lee es una víctima del lado oscuro, pero no está solo.

DE VISIONES DE GRANDEZA A UNA GRAN CAÍDA

El día 6 de mayo de 1987, las Asambleas de Dios expulsaron a Jim Bakker, fundador del ministerio de televisión Praise the Lord (PTL) [Gloria a Dios] y del parque temático cristiano Heritage U.S.A., por un caso de adulterio con Jessica Hahn y alegatos de actividad bisexual.[4] Además de sus problemas denominacionales, Bakker cumplió siete años de condena de una sentencia de cuarenta y cinco años en una prisión federal por fraude usando el teléfono y conspiración, lo cual implicó una estafa de millones de dólares a quienes le apoyaban económicamente. Sus fracasos morales provocaron una incalculable deshonra y vergüenza a la causa de Cristo y reforzaron aún más una perspectiva pública ya de por sí cínica del cristianismo.

Con anterioridad a su condena, el preocupado teleevangelista intentó explicar sus problemas:

> Debería haber prestado más atención a más detalles, pero tenía una visión y un plan, y era un hombre con un fuego en mi interior por hacer algo por el mundo cristiano... Y ver cómo se va ese sueño duele. Es vivir estando muerto. Habría sido más amable por parte de esos hombres que nos asesinaran en lugar de hacer lo que nos han hecho... hacemos cosas extravagantes... Yo sueño, sueño. Tengo que trabajar. Y sueño con edificar otra ciudad, tal vez en California. Y sueño con regresar a la televisión algún día.[5]

Aun hasta el amargo final, Jim Bakker se negó a admitir o era completamente inconsciente de cómo su personalidad y sus disfunciones habían contribuido a los problemas que afrontaba. Para él, era simplemente cuestión de ser malentendido.[6]

¿Cómo podía un hombre que logró tales increíbles hazañas de organización tener tan poca perspectiva de sí mismo y de la magnitud del caos que había creado? ¿Qué podría hacer que una persona sea un éxito tan asombroso y al mismo tiempo un fracaso tan deprimente y vergonzoso? Él estaba cegado por el lado oscuro de su personalidad, y sus visiones de grandeza no terminaron en otra cosa sino en una gran caída.

No todos los encuentros con el lado oscuro son tan escandalosos y dramáticos como la debacle del PTL de Jim Bakker o la condena por conducta lasciva del pastor Lee. No toda incursión en el lado oscuro termina con tan devastadoras consecuencias. Pero siempre que se produce un encuentro con el lado oscuro es una experiencia terrorífica y aleccionadora.

LLEGAR A DESCOSERSE

Bill Hybels no ha experimentado una importante caída pública que hubiese dejado una mancha duradera en su liderazgo. Él ha sido un líder íntegro; de hecho, es uno de los líderes eclesiales más admirados, respetados y exitosos en América actualmente, que supervisa una de las congregaciones protestantes más grandes e innovadoras en los Estados Unidos. A pesar de su éxito y de la eficacia de su liderazgo, Bill Hybels ha experimentado muchos dolorosos roces con el lado oscuro de su personalidad, algunos de los cuales le han llevado al borde del colapso emocional.

Habiendo sido criado en Kalamazoo, Michigan, se esperaba que Bill ocupase su lugar al lado de su padre en la empresa de productos agrícolas de la familia. Desde una temprana edad, Bill aprendió la importancia de realizar bien un trabajo y permanecer en una tarea hasta completarla, a pesar de las demandas que pudiera suponer física o emocionalmente.

La ilustración más clara de la ética de trabajo transmitida de padre a hijo fue el día en que Bill tuvo que vaciar una carga de camión de patatas podridas. Después de horas de descargar saco tras saco de patatas babosas y malolientes, él se quejó a su padre del número de sacos que aún quedaban por descargar. Su padre le dijo: "No te preocupes, Billy; solo tienes que descargar un saco cada vez"... Con el paso de los años, la capacidad [de Billy] de afrontar cualquier desafío "un saco cada vez" le ha servido muy bien.[7]

Bill Hybels aprendió bien sus lecciones en la niñez, quizá demasiado bien. Sin importar lo abrumadora o desalentadora que fuese la tarea, él no abandonaba hasta que el trabajo estuviese hecho, y bien hecho. Desgraciadamente, cuando la tarea implica guiar y dirigir una iglesia en crecimiento de más de catorce mil personas, es imposible finalizar alguna vez la tarea. ¿Cuál es la única solución? Trabajar más. Mantenerse en ello, un saco cada vez, hasta que el trabajo sea finalmente realizado. Pero en cuanto él quitaba un maloliente saco de patatas ministeriales, otros tres más ocupaban su lugar. Su frenética necesidad psicológica de "descargar el camión" le condujo a un estilo de vida de adicción al trabajo que requería virtualmente cada minuto de cada día. Fue esa perspectiva pervertida de la ética de trabajo inculcada durante la niñez la que casi le condujo a un total colapso emocional.

En diciembre de 1989, Bill trabajaba siete días a la semana, regresando a su casa solamente para recuperarse lo suficiente para volver a trabajar. Pero había llegado al límite. Un sábado, solo unas horas antes del servicio de la tarde y unos minutos antes de tener que oficiar la ceremonia de boda de un amigo, Bill apoyó su cabeza sobre el escritorio y comenzó a sollozar incontroladamente, con su fuerza física, emocional y espiritual totalmente agotada. Como dijo él después: "Algo se rompió en mi interior aquel día. Yo no sabía lo que era, pero me asustó. Sentí como si me estuviese descosiendo".[8]

Una iglesia de quince mil personas, reconocimiento nacional y un éxito ministerial sin paralelo, pero Bill Hybels seguía siendo una víctima del lado oscuro.

VÍCTIMAS GRANDES Y PEQUEÑAS

Si hay algún consuelo en todas estas historias, solamente puede ser que no estamos solos en nuestra lucha. Ya sea un querido presidente norteamericano, un infame líder mundial, un ejecutivo, un pastor con mente de siervo de una iglesia de un condado o un líder eficaz de una denominación, el lado oscuro es indiscriminado cuando se trata de escoger a sus víctimas. Ya sean líderes bienintencionados o dictadores impulsados por siniestros motivos, su lado oscuro, como el aceite en un volumen de agua, siempre se abrirá camino hacia la superficie y creará un desastre si no se reconoce y se redime.

PUNTOS CLAVE

- El lado oscuro puede encontrarse en líderes a lo largo de todas las eras.
- Las personas que ignoran o se niegan a reconocer su lado oscuro, frecuentemente se encuentran con importantes fracasos en sus responsabilidades de liderazgo.
- Los líderes que afrontan su lado oscuro y lo redimen son quienes más logran a la larga.

APLICACIÓN PERSONAL

Mirando en retrospectiva su propia vida, piense en los líderes que más admira usted y en los que menos respeta. Hasta donde usted sabe, ¿cuánta atención prestaron ellos a su propio lado oscuro? ¿Cómo manejaron ellos su lado oscuro? ¿Quién fue el que tuvo más éxito en ello? ¿Qué significa todo eso para su propia vida y su papel en el liderazgo?

3

ARROJAR LUZ DIVINA
SOBRE EL LADO OSCURO

Si queremos llegar a entender las fuentes de donde proviene nuestro lado oscuro y sus efectos lo suficientemente bien para vencerlo y evitar que destruya nuestra capacidad de dirigir para la gloria de Dios, debemos considerar seriamente el diseño original de Dios para nosotros y la corrupción de ese diseño, lo cual resultó de la primera caída de todas en el liderazgo.

LA PRIMERA CAÍDA EN EL LIDERAZGO

La intención original de Dios para la humanidad fue ejercer liderazgo en su orden creado:

> Entonces dijo Dios: Hagamos al hombre a nuestra imagen, conforme a nuestra semejanza; y señoree en los peces del mar, en las aves de los cielos, en las bestias, en toda la tierra, y en todo animal que se arrastra sobre la tierra.
>
> GÉNESIS 1:26

Dios originalmente puso a los seres humanos sobre la tierra para servir como gobernantes. La palabra hebrea para *señorear* en Génesis 1:26 proviene de la raíz que significa ejercer dominio. Era una palabra frecuentemente utilizada en el Antiguo Testamento con referencia al gobierno de Israel sobre otras naciones y a ser la fuente de autoridad y dirección para ellos.[1] Este gobierno que Dios otorgó a Adán no estaba limitado meramente a la supervisión de la vida animal y vegetal, sino que se extendía a todo ser viviente de la tierra. La Escritura registra que Dios bendijo a Adán y Eva y les dijo: "Fructificad y multiplicaos; llenad la tierra, y sojuzgadla, y señoread en los peces del mar, en las aves de los cielos, y *en todas las bestias* que se mueven sobre la tierra" (Gn. 1:28, énfasis de los autores).

Claramente, Dios quería que los seres humanos fuesen algo más que meros gerentes. Hay un sentido implícito de que ellos eran responsables de hacer lo correcto con la tierra y con todo lo que había en ella, con el recurso divino que se les había dado. Adán y Eva eran responsables de procurar que la vida en la tierra se dirigiese tal como Dios querría que se dirigiese si Él mismo estuviera físicamente a cargo de ella. Ese es el papel del liderazgo: hacer las cosas correctas, no meramente hacer las cosas bien.[2]

Desgraciadamente, ese primer experimento en el liderazgo humano no terminó con éxito. Al igual que con todos los líderes y los ambientes en los cuales ellos dirigen, había ciertos parámetros que Adán y Eva tenían. Los parámetros fueron establecidos para su propia protección, no simplemente para hacer más dificultosa su tarea. El mandato de Dios era certero y seguro: "De todo árbol del huerto podrás comer; mas del árbol de la ciencia del bien y del mal no comerás; porque el día que de él comieres, ciertamente morirás" (Gn. 2:16-17).

En lugar de mantenerse contentos de ejercitar la considerable autoridad que tenían dentro de los parámetros establecidos por Dios, ellos escogieron desafiar esos parámetros.

Entonces la serpiente dijo a la mujer: No moriréis; sino que sabe Dios que el día que comáis de él, serán abiertos vuestros ojos, y seréis como Dios, sabiendo el bien y el mal. Y vio la mujer que el árbol era bueno para comer, y que era agradable a los ojos, y árbol codiciable para alcanzar la sabiduría; y tomó de su fruto, y comió; y dio también a su marido, el cual comió así como ella.

Génesis 3:4-6

La razón de este desafío a los parámetros que Dios había establecido fue la necesidad que ellos sentían de obtener un estatus igual al de Dios. Expresado con palabras sencillas: el primer fracaso en el liderazgo humano fue el resultado de un orgullo y egoísmo incontrolados con una buena dosis de autoengaño. Con algunas variaciones y añadidos menores, eso proporcionó el material en bruto para nuestro lado oscuro.

MATERIAL EN BRUTO PARA EL LADO OSCURO

Hay muchas advertencias en la Escritura que nos avisan de nuestras tendencias como seres humanos caídos hacia el orgullo, el egoísmo, el autoengaño y los motivos incorrectos.

Orgullo

Salomón, un líder que claramente luchó contra su lado oscuro, habla con una medida de experiencia y perspectiva personal cuando escribe: "Cuando viene la soberbia, viene también la deshonra; mas con los humildes está la sabiduría" (Pr. 11:2). Él también abordó la naturaleza destructiva del orgullo cuando escribió: "Antes del quebrantamiento es la soberbia, y antes de la caída la altivez de espíritu. Mejor es humillar el espíritu con los humildes que repartir despojos con los soberbios" (Pr. 16:18-19). El orgullo en la Escritura está casi exclusivamente ligado al fracaso y al tropezar. Es uno de los rasgos humanos acerca del cual Dios ha declarado expresamente su odio en Proverbios 6:16-18. "Seis cosas aborrece Jehová, y aun siete abomina su alma:", y la primera característica que se destaca en esta infame lista es "los ojos altivos [orgullo]", seguido de cerca por otro de nuestros materiales en bruto para el lado oscuro: "el corazón que maquina pensamientos inicuos [malos motivos]. De hecho, tan repulsiva para Dios es la persona hinchada de orgullo que el escritor de Proverbios también dice que "abominación es a Jehová todo altivo de corazón" (Pr. 16:5). Si estas declaraciones no fuesen suficientes para convencernos de la maldad del orgullo, también se nos dice que "la soberbia del hombre le abate" (Pr. 29:23).

Aunque el orgullo es, sin ninguna duda, el fundamento sobre el cual se edifica el lado oscuro y es extremadamente destructivo cuando no se vigila, es también un área que muchos líderes cristianos pasan por alto cuando se trata de ser responsables ante otros. La insidiosa naturaleza del orgullo es tal que los líderes cristianos creen que ellos no batallan con eso; o si lo hacen, no hay duda de que no es hasta el mismo extremo en que otros batallan.

El orgullo parece ser uno de los constantes componentes de la personalidad de todo ser humano que irresistiblemente comienza a impulsarnos en las primeras etapas de la vida. Es uno de los elementos de nuestro lado oscuro que la Escritura indica que puede causar graves dificultades no solamente en nuestro ejercicio del liderazgo, sino también en nuestra vida cotidiana. Se puede decir sin temor a equivocación que el orgullo es el pecado original. Fue el orgullo lo que hizo que Lucifer desafiase la autoridad de Dios dando como resultado su expulsión del cielo, creando así las semillas que han germinado en todo tipo de maldad humana (Ez. 28:17). Pero el orgullo no es el único material en bruto utilizado en la fabricación de nuestro lado oscuro.

Egoísmo

Si existe algo que le dispute la primera posición al orgullo cuando se trata de nuestro lado oscuro, es nuestro absorbente egoísmo. Nacemos con una inclinación natural hacia la autogratificación, y comenzando con nuestra hambre y lloros demandantes durante la infancia, esa inclinación se ve hasta cierto grado reforzada a lo largo de nuestros primeros años de vida. Aprendemos siendo bebés que lo único que tenemos que hacer para gratificar nuestras necesidades es llorar, y alguien estará ahí para satisfacernos y hacer que el llanto cese. Desgraciadamente, es un hábito difícil de romper a medida que crecemos.

La Escritura nos dice que el egoísmo, al igual que el orgullo, terminará en nuestro propio desastre.

Pero por tu obstinación y por tu corazón empedernido sigues acumulando castigo contra ti mismo para el día de la ira, cuando Dios revelará su justo juicio. Porque Dios "pagará a cada uno según lo que haya hecho". Él dará vida eterna a los que, perseverando en las buenas obras, buscan gloria, honor e inmortalidad. Pero los que *por egoísmo* rechazan la verdad para aferrarse a la maldad, recibirán el gran castigo de Dios.

ROMANOS 2:5-8, NVI (énfasis de los autores)

Aunque todos somos conscientes del egoísmo que subyace en muchas de nuestras elecciones, nunca es fácil de admitir y es algo que, como líderes, nos afanamos mucho por ocultar. Al igual que un tiburón hambriento tiene cuidado de mantener su aleta dorsal bajo la superficie del agua para no revelar su situación a un gratificante alimento en potencia, así nos hacemos adeptos a mantener nuestro egoísmo cuidadosamente sumergido a fin de no revelar nuestros verdaderos motivos. Pero al igual que el famélico tiburón finalmente saldrá a la superficie en una explosión de aletas, sangre y agua, así el egoísmo en última instancia dará como resultado el caos en nuestro liderazgo.

Pero si tenéis celos amargos y contención en vuestro corazón, no os jactéis, ni mintáis contra la verdad... Porque donde hay celos y contención, allí hay perturbación y toda obra perversa.

SANTIAGO 3:14, 16

Los discípulos Jacobo y Juan experimentaron el desorden que el egoísmo puede traer a las relaciones de un líder. Aunque Jesús mismo los escogió personalmente para el liderazgo y estuvieron expuestos al ejemplo perfecto y sin egoísmo de Él, ellos siguieron dominados por el egoísmo.

Entonces Jacobo y Juan, hijos de Zebedeo, se le acercaron, diciendo: Maestro, querríamos que nos hagas lo que pidiéremos. El les dijo: ¿Qué queréis que os haga? Ellos le dijeron: Concédenos que en tu gloria nos sentemos el uno a tu derecha, y el otro a tu izquierda.

MARCOS 10:35-37

Al enterarse de la egoísta petición de Jacobo y Juan de una especial consideración y reconocimiento por parte de Jesús, "los diez, comenzaron a enojarse contra Jacobo y contra Juan" (v. 41). Los líderes egoístas siempre dejan caos y desorden tras su estela. Es natural racionalizar y ocultar nuestro egoísmo, pero hacerlo solamente conduce a dificultades. Necesitamos admitirlo y vencerlo. Como dice el apóstol Pablo:

No hagan nada por egoísmo o vanidad; más bien, con humildad consideren a los demás como superiores a ustedes mismos. Cada uno debe velar no sólo por sus propios intereses sino también por los intereses de los demás.

FILIPENSES 2:3-4, NVI

Autoengaño y malos motivos

Salomón escribe en Proverbios: "Todos los caminos del hombre son limpios en su propia opinión; pero Jehová pesa los espíritus" (Pr. 16:2). Parece haber un sentido en el cual los líderes siempre pueden justificar sus planes y metas como buenos y correctos. Como seres humanos tenemos una capacidad inherente de transformar en nuestras mentes aun el acto más egoístamente motivado en un acto de altruismo sacrificial. Jeremías nos dice: "Engañoso es el corazón más que todas las cosas, y perverso; ¿quién lo conocerá?" (Jer. 17:9). La clara respuesta a la pregunta retórica de Jeremías es que nadie puede comprender los peligrosos y traicioneros tratos del corazón humano. No podemos ni siquiera comprender plenamente nuestro propio corazón y nuestros motivos. La triste verdad es que demasiadas veces no estamos tan interesados en investigar más a fondo nuestros motivos por temor a lo que pudiéramos encontrar.

El apóstol Pablo parece estar de acuerdo con la evaluación de Jeremías cuando les dice a los corintios, personas conocidas por juzgar los motivos de los demás:

Yo en muy poco tengo el ser juzgado por vosotros, o por tribunal humano; y ni aun yo me juzgo a mí mismo. Porque aunque de nada tengo mala conciencia, no por eso soy justificado; pero el que me juzga es el Señor.

1 CORINTIOS 4:3-4

Pablo no está diciendo que él nunca se ocupe del autoexamen de sus motivos; más bien al contrario, aunque él se examine a sí mismo y no encuentre nada contra sí mismo, eso no significa necesariamente que él no sea culpable de malos motivos. Pablo reconocía que su corazón era engañoso; así, él dejaba todo juicio final en manos del Señor. Jesús mismo dijo que es del corazón, de nuestro ser interior, de donde nacen todo tipo de engaños y maldad. Jesús en una ocasión les dijo a sus discípulos:

> Porque de dentro, del corazón de los hombres, salen los malos pensamientos, los adulterios, las fornicaciones, los homicidios, los hurtos, las avaricias, las maldades, el engaño, la lascivia, la envidia, la maledicencia, la soberbia, la insensatez.
>
> MARCOS 7:21-22

Hay una exhaustiva lista de materiales para el lado oscuro de los seres humanos.

Desde una perspectiva bíblica, ¿cómo se ve cuando esos materiales en bruto se combinan para formar el lado oscuro? ¿Cómo se ve el producto final?

LOS MATERIALES EN BRUTO EN FUNCIONAMIENTO

La Biblia nunca oculta los pecados del pueblo de Dios. Contrariamente a lo que esperan algunos, saca a la luz a numerosos líderes que experimentaron importantes fracasos como resultado directo de su lado oscuro.

Saúl

Saúl experimentó un importante fracaso como líder. Su caída se vio precipitada por su desobediencia a los claros mandamientos de Dios con respecto a la guerra santa. Saúl pensaba que él estaba de alguna manera por encima de la necesidad de esperar a que el profeta

Samuel realizara un sacrificio en Gilgal antes de ir a la guerra, y esa arrogante actitud marcó el comienzo del fin del liderazgo de Saúl. Saúl continuó con arrogancia cuando no obedeció el mandamiento de destruir por completo a Amalec. Pensando una vez más que él estaba de algún modo por encima de la ley, decidió que sería aceptable desobedecer de manera limitada (1 S. 9-15).

Fue tras esos episodios de desobediencia que su liderazgo de la nación le fue arrebatado; Dios lo rechazó como líder del pueblo, el Espíritu de Dios se apartó de él, y él comenzó a experimentar graves ataques de ansiedad, depresión y paranoia.[3] En las etapas posteriores de su liderazgo, su paranoia llegó a ser tan dominante que tuvo un impacto destructivo no solo en él, sino también en su hijo Jonatán, en su figurado rival, David, y en toda la nación.

En la personalidad y el comportamiento de Saúl vemos signos de orgullo, egoísmo, autoengaño, inseguridad personal, baja autoestima y extrema paranoia. Ni siquiera el haber sido elegido por Dios, los dones de Dios o su capacidad natural fueron suficientes para neutralizar el lado oscuro de su personalidad. De modo paradójico, la inicial humildad de Saúl, a pesar de ser extremadamente hermoso y capacitado, sin duda contribuyó a que Dios lo eligiese como el líder de la nación y a su inicial eficacia. Y sin embargo, al final lo que le hizo grande —su llamado especial y su capacidad— conspiró contra él para causar su caída. Él comenzó a creer que estaba por encima de las leyes de Dios y de la obediencia requerida a los demás. Aunque la vida y el liderazgo de Saúl proporcionan un interesante y bíblico estudio de casos sobre el peligro del lado oscuro, él no es de ninguna manera su única víctima.

David

El rey David también batalló periódicamente con su lado oscuro, dando como resultado humillantes derrotas personales y consecuencias nacionales devastadoras. Su orgullo como líder le hizo realizar un censo de sus guerreros en violación directa del mandato de Dios, conduciendo a la innecesaria muerte de muchas personas inocentes. Su egoísmo lo dominó cuando cometió adulterio con Betsabé, asesinó a su esposo y luego se engañó a sí mismo al ocultar su pecado durante casi un año hasta que finalmente fue confrontado por el profeta Natán (2 S. 11-24).

Sin embargo, a pesar de sus frecuentes batallas con el lado oscuro, parece que David era consciente de su lado oscuro y estaba dispuesto a tratar sinceramente consigo mismo delante de Dios. Después de haber numerado orgullosamente a sus guerreros y de la tragedia resultante, la Escritura registra: "Después que David hubo censado al pueblo, le pesó en su corazón; y dijo David a Jehová: Yo he pecado gravemente por haber hecho esto; mas ahora, oh Jehová, te ruego que quites el pecado de tu siervo, porque yo he hecho muy neciamente" (2 S. 24:10). También vemos indicaciones de la conciencia que David tenía de sí mismo y de los actos correctivos en los Salmos 32 y 51. Pero a pesar de que David no experimentó un fracaso a igual escala que Saúl, su lado oscuro sí que condujo a caídas con efectos de gran alcance sobre sí mismo, su familia y la nación.

Además de Saúl y David, hay muchos otros líderes bíblicos que hicieron la guerra a su lado oscuro. La evidencia parecería indicar que Salomón luchó contra una personalidad narcisista[4] y Moisés parece haber luchado contra una personalidad compulsiva.[5] Estos dos líderes bíblicos también sufrieron consecuencias negativas como resultado directo de que su lado oscuro comenzase a dominar en el ejercicio de su liderazgo. Existen muchos otros líderes a lo largo de las Escrituras que lucharon de maneras parecidas con el lado oscuro de su personalidad, algunos con mayor éxito que otros.

LUZ QUE TRAE ENTENDIMIENTO

Aun con esta cantidad tan limitada de luz bíblica arrojada sobre el lado oscuro del ser humano, se hace más claro aún que cualquiera que aspire al liderazgo, en particular al liderazgo espiritual, necesita ser plenamente consciente de los materiales en bruto que entran en la creación del lado oscuro del líder, y del modo en que se han estado mezclando durante el curso de su vida con asuntos de la familia de origen, las experiencias personales y una personalidad única para crear su lado oscuro. Este entendimiento es necesario para ser capaz de tomar medidas defensivas para evitar que el lado oscuro cause un importante fracaso en el liderazgo.

¿Cómo se combinan el orgullo, el egoísmo, el autoengaño y los motivos equivocados con nuestra personalidad y nuestras experiencias en la vida para fabricar nuestro lado oscuro? ¿Cuáles son las señales de su presencia en nuestra vida y liderazgo? Volvemos nuestra atención ahora a esas preguntas.

PUNTOS CLAVE

- El lado oscuro del ser humano está arraigado en el comienzo de la Historia, tal como se registra en Génesis 1-2. El orgullo, el egoísmo, el autoengaño y los motivos equivocados son los materiales en bruto de los cuales está formado el lado oscuro.
- Las caídas de muchos líderes descritas en la Biblia son atribuibles directamente a componentes de su lado oscuro. A causa de la providencia de Dios, algunos líderes a veces llevan a cabo sus responsabilidades de liderazgo a pesar de su lado oscuro.
- Los líderes que son conscientes de su lado oscuro y están dispuestos a abordarlo abierta y sinceramente delante de Dios son capacitados para una mayor eficacia.

APLICACIÓN PERSONAL

¿Se identifica más usted con Saúl o con David? ¿De qué maneras se ve a usted mismo en cada uno de ellos? ¿Es su aproximación a su propio lado oscuro más similar a la de Saúl o a la de David? ¿Cómo le gustaría que fuese su aproximación en el futuro?

4

CÓMO SE DESARROLLA EL LADO OSCURO

Como hemos visto en el capítulo anterior, de modo contrario a muchas ideas contemporáneas todo líder posee en su interior material en bruto necesario para la fabricación del lado oscuro. Ninguno de nosotros somos inmunes. No somos, como algunos sugerirían, "completos" al nacer para vernos después contaminados por las influencias culturales y sociales a medida que experimentamos la vida.[1] Por el contrario, todos entramos en la vida con el mismo equipaje original que simplemente espera a ser abierto, colgado en las perchas de nuestras experiencias en la vida y finalmente metido en el armario que es nuestro lado oscuro. La cuestión no es tanto si alguien es inmune o no a los efectos del lado oscuro, sino qué es lo que causa que todo líder sea afectado de manera diferente. ¿Qué es lo que permite que algunos líderes dirijan durante toda una vida relativamente ilesos mientras que otros se encuentran con devastadoras caídas? Por ejemplo, Jim Bakker y Bill Hybels lucharon ambos con el lado oscuro en el ejercicio de su liderazgo, pero experimentaron resultados completamente diferentes; uno de ellos, una caída humillante; el otro, un éxito importante y aparentemente equilibrado. Aunque todo líder debe batallar contra el orgullo, el egoísmo, el autoengaño y los malos motivos, ¿qué es lo que causa que algunos líderes tropiecen de modo tan trágico mientras que otros sean capaces de mantener su equilibrio y mantener a raya esas fuerzas originales?

Sin ninguna duda, gran parte de lo que determina la manera en que se desarrolla el lado oscuro del líder, al igual que el modo en que él o ella abordarán su lado oscuro una vez que estén en el liderazgo, es el resultado de la familia en la cual la persona se crió y en sus años desde la niñez hasta la adolescencia. A medida que crecemos hacia la madurez, nuestro lado oscuro comienza a desarrollarse en silencio para emerger plenamente en alguna fecha en el futuro, a menudo una vez que se ha llegado al liderazgo. Como dice el escritor Robert A. Johnson: "... en algún lugar al principio de nuestro camino, comemos uno de los maravillosos frutos del árbol del conocimiento, cosas separadas en buenas y malas, y comenzamos el proceso de crear sombras; dividimos nuestras vidas".[2]

El factor crítico en el modo en que nuestro lado oscuro impactará nuestro liderazgo es el grado hasta el cual aprendamos acerca de su desarrollo y entendamos de qué manera tiene influencia en nosotros. Si es cierto que cada uno de nosotros desarrollaremos una sombra, o lado oscuro, ¿entonces cuáles son los signos de su presencia en nuestra vida?

Signos de nuestro lado oscuro

Aunque puede que no seamos conscientes de su presencia, hemos sido impactados por el lado oscuro durante toda nuestra vida. Hay signos definidos hacia los cuales podemos llegar a ser sensibles y que nos ayudarán a identificar las maneras singulares en que se ha desarrollado a lo largo de los años y también la forma concreta que ha adoptado en nuestra vida. Muchas veces somos conscientes de esos signos en nuestras motivaciones, y reconocemos su influencia en nuestro comportamiento; sin embargo, no llegamos a ser capaces de establecer una conexión fuerte y sólida entre ellos y la fuente de la que provienen.

Muchos de nosotros que estamos en posiciones de liderazgo o aspiramos al liderazgo hemos sentido en un momento u otro un vago e inexplicable impulso de realizar una marca importante con nuestras vidas. En ocasiones podemos hasta llegar a describir aquello que nos vemos impulsados a lograr; pero una descripción completa parece eludirnos siempre, y continuamos siendo arrastrados por esa fuerza no identificada pero poderosa hacia alguna meta final de la cual no somos plenamente conscientes. Ese vago sentido de ambición es un signo de que nuestro lado oscuro está vivo y disfruta de buena salud. Pero hay otros signos.

Algunos líderes experimentan una profunda necesidad de ser aprobados por aquellos a quienes dirigen y de saber que son aceptados y apreciados. No es simplemente el deseo normal y corriente que todos poseemos de caer bien a otros, sino más bien una necesidad desesperada y casi vital de lograr aprobación. Es otro signo de que el proceso de "crear sombras", como Robert Johnson se refiere a él, se ha producido.

Para otros, puede ser un temor irracional a que su trabajo no sea adecuado, y por eso se ven impulsados a trabajar aún más y por más tiempo para evitar que su temor irracional se convierta en realidad. Un síntoma del lado oscuro para otros puede ser una necesidad de sentirse en control absoluto de toda circunstancia y evento. Esta necesidad de tener el control va muchas veces más allá del lugar de trabajo y entra en la vida familiar y en las relaciones, convirtiéndose en una necesidad de controlar a otras personas. Una tendencia hacia el perfeccionismo y muchos otros comportamientos como la comida excesiva, el gasto compulsivo, el alcoholismo y el ejercicio compulsivo son todos ellos signos que debieran explorarse.

En pocas palabras, cualquier comportamiento que parezca dominarnos, al igual que cualquier deseo o motivación que parezcan impulsarnos incontroladamente, es un posible signo que indica la presencia de nuestro lado oscuro. ¿Cómo se desarrollan esos deseos y compulsiones internas hasta tal punto? El proceso de crear sombras no es un acto aislado; es verdaderamente un asunto de familia.

Un asunto de familia

Si el orgullo, el egoísmo, el autoengaño y los malos motivos son los ingredientes cruciales en la receta de nuestro lado oscuro, entonces nuestra familia y nuestros años de desarrollo en esa familia, sin duda proporcionan el catalizador para esa mezcla que determina la forma final que tomará nuestro lado oscuro. Con raras excepciones, las experiencias de nuestra niñez determinan el grado hasta el cual somos controlados por el lado oscuro de nuestra personalidad y cómo se manifiesta a sí mismo cuando se trata del ejercicio del liderazgo. Esto es cierto hasta de los líderes más populares y poderosos. Uno de los líderes más idealizados del siglo XX fue John F. Kennedy. Después de un rápido ascenso por las filas del Congreso fue elegido para ocupar el puesto más poderoso de liderazgo en el mundo a una edad increíblemente joven. Él lanzó a los Estados Unidos en busca de la conquista de la frontera final del espacio, marcó el ritmo al comienzo de la Guerra Fría y dejó una marca indeleble en la psique norteamericana. Sin embargo, en todos sus logros John F. Kennedy estuvo impulsado por su lado oscuro. Solamente tras su muerte y después de décadas de investigación de materiales anteriormente no disponibles ha sido cuando el público norteamericano ha sabido hasta qué grado eso fue cierto.

John Fitzgerald Kennedy nació de Joseph P. y Rose Kennedy, y fue el segundo de nueve hijos. La familia Kennedy proporcionó al joven John un ambiente en el cual su lado oscuro no solamente se desarrolló, sino que también floreció y fue fomentado. Clare Boothe Luce, esposa del famoso magnate de la prensa Henry Luce, en una ocasión describió a la familia Kennedy como una familia en la cual había "ambición, y orgullo, y destrucción humana, una dedicación tal a lo mejor y lapsos en el fango de la vida; personas tan vulgares, nobles, impulsadas, generosas, egoístas, amorosas, suspicaces, taimadas, honorables, vulnerables e indomables".[3]

La mayor influencia en la vida del joven presidente fue la de su padre. Él era un hombre rico y poderoso y, sin embargo, alguien que nunca pensaba que había llegado completamente al puesto más alto que se merecía en la vida, siempre sintiéndose un extraño en la alta sociedad de Boston. Aunque había alcanzado un gran éxito desde un punto de vista material, eso no era suficiente. Como resultado de esta pobre autoimagen, la cual rayaba en la paranoia, él estaba decidido a encontrar su éxito y aceptación más grandes por medio de las vidas y los éxitos de sus hijos. En un esfuerzo por garantizar que sus hijos lograran el éxito y le proporcionasen el nivel de aceptación social que él tan desesperadamente necesitaba, Joe Kennedy creó un ambiente que fomentaba la competitividad entre hermanos: los ganadores eran recompensados con afecto paternal. De hecho, la motivación principal en gran parte de las vidas de sus hijos era obtener la aprobación de su padre. "Lo que más les importaba a los cuatro hijos, en sus primeros años, era su competición por el amor y el aplauso de su padre".[4]

Además de la necesidad que el joven John sentía de obtener la aprobación de su padre, la cual nunca se ganaba con facilidad, había otras influencias formativas que estuvieron en funcionamiento durante su niñez. Su padre era un conocido adúltero, que a menudo mantenía sórdidas relaciones con numerosas mujeres, llegando incluso a hacer alarde de ellas atrevidamente delante de su esposa y su familia. En una ocasión el joven John Kennedy se quedó encerrado en el velero de la familia cuando su padre iba a salir a navegar con la estrella de cine Gloria Swanson, una de sus amantes. John se ocultó bajo cubierta mirando a hurtadillas desde su escondite para ver a su padre manteniendo relaciones sexuales con la joven aspirante a estrella. Él quedó tan horrorizado por lo que vio que saltó por la borda y comenzó a nadar.[5] Joe alentaba a sus hijos a demostrar su hombría del mismo modo en que él lo hacía. El sexo ilícito no se desaprobaba, sino que se alentaba como distintivo de poder y virilidad. Los hijos hasta proporcionaban jóvenes mujeres para el placer de su padre, y en muchas ocasiones compartían las mujeres con él.

Pero aquellas no fueron las únicas influencias que fueron seminales en la forma del lado oscuro de Kennedy. También estaban las lecciones de ganar a toda costa, adaptar la verdad para beneficio propio y los privilegios del dinero y el poder. Esas, entre otras muchas influencias, crearon un lado oscuro en la personalidad de John Kennedy. Toda su vida adulta no era nada más que una velada búsqueda de la aprobación de su padre, desde su necesidad de logros durante sus años de escuela hasta su rápido ascenso en la escalera del poder político.

Una vez obtenida la más alta posición de poder, su lado oscuro se hizo evidente para quienes lo rodeaban. Como presidente, él también alardeaba de sus aventuras adúlteras delante de su esposa.[6] Si la tragedia no hubiese acortado su mandato, es probable que su lado oscuro finalmente hubiera llegado a crear graves problemas para él, el príncipe de Camelot. Un colaborador político dijo: "Todo el lado oscuro de John Kennedy no saldría a la superficie hasta después de su muerte... Teníamos indicios de ello; veíamos sus bordes... Entonces comenzamos a verlo. Uno simplemente conectaba los puntos y ahí había un dibujo".[7]

LAS NECESIDADES QUE NOS IMPULSAN

Al igual que en el caso de John F. Kennedy, hay experiencias e influencias durante nuestros años de niñez y adolescencia que se combinan con los originales materiales en bruto que están presentes en cada uno de nosotros para desarrollar nuestro lado oscuro. Aunque cada uno de nuestros trasfondos y experiencias familiares son diferentes, tenemos necesidades y deseos comunes que nos hacen vulnerables a eventos que nos amenazan de alguna manera. Esos eventos hacen que respondamos a nuestras diferentes experiencias formativas de maneras distintas que en última instancia producen nuestro singular lado oscuro.

Una pirámide de necesidades

El concepto de la jerarquía de necesidades, desarrollado por Abrahan Maslow, es familiar para la mayoría de los líderes que hayan tomado un curso de iniciación a la Psicología, pero hay menos líderes que sean conscientes del importante papel que juega este familiar concepto en el desarrollo de su lado oscuro.

Maslow postuló que cada persona opera sobre la base de una pirámide de necesidades y deseos. Esta pirámide de necesidades se acomoda de modo jerárquico, distribuyéndose desde necesidades psicológicas básicas en la base, necesidades de seguridad, de afecto y de pertenencia, la necesidad de estima y en última instancia hasta la necesidad de ser consciente del propio potencial.[8]

Propio
potencial
*Alienación,
aburrimiento, vida
rutinaria, actividades
limitadas, ausencia de
significado en la vida

Estima
*Sentimiento de incompetencia,
negativismo, sentimiento de inferioridad

Amor
*Inseguridad, sentimiento de no ser querido,
sentimiento de indignidad, vacío, soledad,
aislamiento, sentirse incompleto

Seguridad
*Inseguridad, anhelo, sentido de pérdida, temor, obsesión, compulsión

Psicológicas
*Hambre/sed, frustración sexual, tensión, fatiga, enfermedad

*Posibles reacciones cuando no se satisfacen esas necesidades esenciales
Figura 1

La tesis de Maslow es que las personas deben tener satisfechas sus necesidades en un nivel de esta pirámide antes de pasar a satisfacer sus necesidades en un nivel más alto.

Está búsqueda de satisfacción de nuestras necesidades termina solo con la muerte. No es un proceso estático sino más bien bastante dinámico. Por ejemplo, es posible tener satisfechas nuestras necesidades básicas de seguridad durante cierto periodo de tiempo, pero eso no significa que esas necesidades estén satisfechas para toda la vida. Puede que llegue un momento en que experimentemos alguna tragedia o evento que amenace nuestros sentimientos de seguridad y haga que volvamos a un nivel más bajo de la pirámide. Puede ser una situación real que experimentemos de primera mano o puede ser una tragedia que le haya ocurrido a otra persona de la que nos sintamos cerca. Leer acerca de un asalto o asesinato que se haya producido en el vecindario donde vivimos es uno de esos eventos que puede hacer que nuestra necesidad de seguridad sea amenazada aun cuando el ataque no nos haya sucedido directamente a nosotros. Cuando nos sentimos inseguros, volvemos a ese nivel de necesidad desde un nivel más alto.

Bloques que faltan en nuestra pirámide

Como demuestra gráficamente la pirámide de Maslow, todos tenemos necesidades esenciales que deben ser satisfechas. Cuando somos niños y adolescentes no pasamos mucho tiempo pensando en la satisfacción de esas necesidades; es esencialmente un proceso subconsciente.[9] Y sin embargo, la satisfacción de esas necesidades es vital para nuestro sano desarrollo. ¿Qué ocurre cuando algunas de esas necesidades básicas nunca son adecuadamente satisfechas? Peor aún, ¿qué ocurre cuando experimentamos algún evento traumático durante nuestros años de niñez o de desarrollo que hace que nos sintamos permanentemente amenazados en una de esas áreas esenciales, aun cuando ese nivel de necesidad podría ser satisfecho en muchos otros aspectos? Cuando eso ocurre, terminamos con bloques que faltan en nuestra pirámide de necesidades, los cuales trataremos de satisfacer muchas veces de modo subconsciente. Este es el núcleo del modo en que nuestro lado oscuro comienza a desarrollarse.

Cuando ciertos acontecimientos nos amenazan en alguna de nuestras áreas de necesidad o cuando somos privados de cualquier manera, debiéramos esperar que la satisfacción de esa necesidad se convierta en un elemento controlador de nuestra personalidad. Si se reconocen y se tratan abiertamente eventos amenazantes y necesidades no satisfechas, el satisfacer las necesidades puede ser un sano proceso. Sin embargo, si percibimos nuestros intentos de satisfacer esas necesidades no satisfechas como un signo de debilidad o de fracaso personal, o si no somos conscientes de cómo satisfacer esas necesidades, nuestros intentos son a menudo sublimados y comienzan a formar lo que se convertirá en nuestro lado oscuro.

Nuestra necesidad de seguridad es una de nuestras necesidades más básicas. ¿Qué ocurre cuando siendo niños o jóvenes adolescentes experimentamos abandono por parte de uno de nuestros padres o la pérdida de uno de ellos debido a la muerte? Aunque puede que no seamos capaces de procesar adecuadamente el pleno impacto de esa pérdida en nuestra psique, sabemos que sin duda amenazaría nuestras necesidades de seguridad. A menos que tengamos un sistema de apoyo familiar increíblemente sano que sea capaz de contrarrestar nuestro sentido de abandono y reasegurarnos en nuestra necesidad de sentirnos seguros, nuestra pérdida nos dejará la falta de un bloque en nuestra pirámide de necesidades que nosotros o bien conscientemente o bien inconscientemente intentaremos satisfacer. Debido a que no podemos recuperar la pérdida de nuestros padres, nuestros esfuerzos para rellenar el bloque que falta es probable que sean redirigidos a áreas que quizá seamos más capaces de controlar. Por ejemplo, puede que nos ocupemos en una búsqueda interminable de seguridad y de personas o ambientes protectores. Aunque esto puede parecer demasiado simple, en realidad ocurre en muchas áreas de nuestras vidas.

Un significativo número de líderes del pasado y el presente provinieron de hogares rígidos con normas nada realistas y un padre perfeccionista que negaba aprobación y señales de amor hasta que esas normas perfectas se cumpliesen. Este tipo de ambiente amenaza la necesidad que los niños tienen de sentirse aprobados y aceptados por las personas más importantes en su vida: sus padres. Esta negación de amor o falta de aprobación demostrable por parte de los padres debido a cualquier razón crea un profundo agujero en la personalidad del niño y puede que lo lance a una búsqueda de toda la vida para obtener la aprobación de esos padres. Líderes demasiado numerosos para poder nombrarlos a todos aquí, virtualmente en todos los campos, están inmersos en un intento silencioso y probablemente subconsciente de satisfacer su necesidad de obtener la aprobación y la aceptación de un padre.

Desgraciadamente, aunque esos líderes impulsados son aplaudidos y recompensados por sus logros, debido a que la necesidad que los impulsa está tan profundamente incrustada y ni siquiera ellos la han identificado, continúan estando obsesivamente impulsados para lograr aún más. Este mismo proceso ocurre con virtualmente cualquier tipo de necesidad no satisfecha. ¿Cuántas personas adultas hoy son impactadas por necesidades no satisfechas que son resultado de una niñez pasada en un hogar alcohólico o en una familia donde se producían abusos físicos y emocionales? Aunque esos individuos son, sin duda, conscientes de las disfunciones que existían en su sistema familiar (aunque algunos lo siguen negando toda la vida), es menos probable que sean capaces de establecer la conexión directa entre esa experiencia familiar y su pirámide de necesidades. Sin embargo, si puede establecerse una conexión, esos individuos estarán mejor capacitados para comprender cómo algunas de esas necesidades, no habiendo sido satisfechas, dan como resultado el desarrollo de su lado oscuro: un lado oscuro que tendrá una importante influencia en el curso que ellos tracen en su vida adulta.

Una deuda que no podemos pagar

Otro elemento importante en el desarrollo de nuestro lado oscuro es lo que se denominan "deudas existenciales"[10]: la creencia de que nuestra necesidad no satisfecha es culpa nuestra y que debemos de algún modo satisfacerla. Una deuda existencial se crea en nuestra vida como resultado de un evento particularmente traumático, una vez más experimentado normalmente durante la niñez. Cuando los padres se divorcian, por ejemplo, muchas veces los niños experimentan el fracaso de la relación de los padres como un fracaso personal. Ellos en silencio se culpan a sí mismos del fracaso del matrimonio de sus padres. Piensan: *Si yo hubiese sido más obediente, si hubiese tenido mi cuarto limpio quizá papá no se habría ido de nuestra casa.* Sin embargo, debido a que los niños no fueron en realidad la causa de la separación matrimonial, no hay nada que ellos puedan hacer para resolver el problema y realizar una compensación por el imaginario papel que creen haber jugado en el divorcio. Es una deuda que ellos sienten que tienen, pero que nunca pueden pagar ya que existe solamente como resultado de su inmaduro proceso de razonamiento.

Cuando las personas sienten que tienen una deuda existencial de esta naturaleza, es un poderoso factor que contribuye al desarrollo de su lado oscuro. En muchas ocasiones, pasarán toda su vida adulta en un esfuerzo subconsciente por pagar la deuda. Obviamente, ellos creen que cuanto más importantes sean sus actividades y logros como adultos, mayor será la probabilidad de poder pagar la deuda.

El gran líder hindú Mohandas Gandhi es un ejemplo de líder extremadamente exitoso que pasó por la vida experimentando una deuda existencial. Cuando era un adolescente muy joven, se casó como resultado de unos desposorios previamente concertados. Él descubrió que esperaba con una gran ilusión y expectativa la pasión sexual que las noches les reservarían a él y a su joven novia. Al mismo tiempo, su padre estaba muy enfermo y Mohandas se pasaba horas al lado de la cama de su padre alimentándolo con amor y proporcionándole una compañía muy necesaria. En una ocasión, después de haberse sentado con su padre por muchas horas, un tío suyo lo relevó de su vigilia. Al haber sido relevado en sus obligaciones, él estaba demasiado ansioso por llegar directamente a su lecho matrimonial y disfrutar de la compañía de su esposa. Poco después de haber entrado en su cuarto con su esposa, llegaron noticias de que su padre acababa de morir momentos después de que él se hubiese marchado. El joven Gandhi fue atenazado por un terrible sentimiento de culpabilidad; sentía que su padre había muerto como resultado directo de su lujuria.[11] Esta experiencia creó una deuda existencial en la vida de Gandhi y tuvo un profundo impacto en el desarrollo de su lado oscuro, teniendo una gran influencia en su estilo de liderazgo. Su obsesión de toda la vida por la reforma no violenta era un intento subconsciente de pagar su deuda existencial.

EMERGE UN PATRÓN

Cuando uno comienza a estudiar el desarrollo del lado oscuro, comienza a emerger un patrón claro, un patrón que implica cuatro etapas concretas tal como se muestra en el siguiente esquema.

Etapa	Elemento básico de esa etapa	Explicación de la etapa
Etapa uno	Necesidades	La existencia de necesidades básicas (ver la pirámide de necesidades de Maslow)
Etapa dos	Experiencias traumáticas	Una experiencia traumática que amenaza la satisfacción de ciertas necesidades o nos deja con necesidades no satisfechas que dan como resultado un "bloque que falta" en nuestra pirámide de necesidades.
Etapa tres	Deuda existencial	El sentimiento de que nuestra necesidad no satisfecha es el resultado de un fracaso personal, lo cual crea una deuda emocional que intentamos pagar a menudo por medio de comportamientos malsanos durante nuestros años adultos.
Etapa cuatro	Desarrollo del lado oscuro	Los efectos combinados de esas necesidades, experiencias traumáticas y deudas emocionales dan como resultado el continuo desarrollo de nuestro lado oscuro.

Tomemos ahora este modelo y pongamos más ejemplos concretos a fin de poder ver cómo el lado oscuro comienza a desarrollarse en nuestras vidas.

Como hemos visto, todos tenemos una profunda necesidad de sentirnos aceptados, en particular por parte de aquellos individuos a quienes consideramos más importantes en nuestras vidas. Para los cristianos, obviamente esto incluiría a Dios y también a nuestros padres. Veamos cómo las experiencias de Sam encajan en nuestro modelo de acuerdo a las etapas que hemos identificado.

Etapa uno–Necesidades: Una de las necesidades en la pirámide de Sam era sentirse aprobado y aceptado por Dios. Ya que su temprana experiencia le enseñó que la aprobación de Dios debía expresarse mediante el bautismo del Espíritu y la capacidad de hablar en otras lenguas, eso es lo que él buscó.

Etapa dos–Experiencias traumáticas: En muchas ocasiones en campamentos de veranos y reuniones especiales de avivamiento, los oradores comunicaban que Dios anhelaba dar este don del bautismo del Espíritu a cualquiera que lo quisiera. El hincapié de esas reuniones especiales era la recepción de ese codiciado don aparentemente por todos los asistentes que aún no lo habían recibido. Sam nunca pudo experimentar esta gran bendición. Aquellas fueron experiencias traumáticas que amenazaban su profunda necesidad de sentirse aprobado y aceptado por Dios, y dieron como resultado la falta de un bloque en su pirámide de necesidades.

Etapa tres–Deuda existencial: Aquellas experiencias traumáticas crearon lo que por muchos años fue una deuda existencial que Sam sentía la necesidad de pagar. Él creía que la única razón posible por la que él no había podido recibir el don del Espíritu como todos los demás era que él había hecho algo muy malo. Sam creyó durante la mayoría de sus años de adolescencia que la razón por la cual Dios no le había dado ese sello definitivo de aprobación era que él había cometido el pecado imperdonable. Esa es una deuda bastante grave para afrontarla siendo adolescente.

Etapa cuatro–Desarrollo del lado oscuro: Esa deuda existencial resultó en una frenética búsqueda de la aprobación y la bendición de Dios y un intento subconsciente de pagar la deuda. ¿Qué mejor manera de pagar esa deuda que entrar a tiempo completo en el servicio cristiano? Sin duda, entonces Dios tendría que sonreír a Sam. Sin embargo, debido a que la deuda era tan grande, él se vio impulsado a lograr un excepcional éxito, lo cual eventualmente condujo a su explosión emocional descrita anteriormente. Este es simplemente un ejemplo del modo en que un evento cuando se combina con otras dinámicas, como la necesidad de Sam de agradar y su tendencia hacia el perfeccionismo tal como era modelado por su padre, y también los materiales en bruto de su naturaleza humana caída, trabaja en conjunto para producir el lado oscuro.

Aunque el patrón parece claro tal como se presenta aquí, mucho de lo que se produjo durante aquellos años fue a un nivel subconsciente. Por muchos años Sam no podía ni siquiera identificar el proceso que se estaba produciendo en su vida y que alimentaba su necesidad de tener éxito en el ministerio a toda costa. Sam simplemente era llevado por esas poderosas fuerzas, siendo consciente de una sola cosa: Ninguna medida de logro estaba produciendo la satisfacción y el sentido de realización que el había esperado que produjera. El éxito que él anhelaba era esencial y sinónimo de recibir la aprobación de Dios y satisfacer finalmente la necesidad no satisfecha, lo cual a su vez indicaría que su deuda había sido finalmente pagada. Este impulso a lograr el éxito a veces había resultado en un comportamiento y unas prácticas como líder que puede que dejasen a su paso muchas víctimas inocentes y silenciosas.

En honor a la verdad, es necesario decir que hay muchas personas que posiblemente fuesen criadas en el mismo ambiente religioso en que lo fue Sam y que tampoco pudiesen experimentar el bautismo en el Espíritu y, sin embargo, eso no les afectó de la misma manera. Todos somos individuos únicos y, de este modo, nuestro lado oscuro será único para nosotros. Sin embargo, a pesar de la forma que adopte finalmente nuestro lado oscuro, el proceso será similar una vez que seamos capaces de dar un paso atrás e identificarlo.

El mismo patrón, pero distintos lados oscuros

Para cada uno de nosotros los detalles serán diferentes, pero el proceso básico será esencialmente el mismo. Para algunos podría ser un padre alcohólico o el abuso físico durante la niñez lo que tenga que ser incluido en el anterior modelo. Para otros, puede ser un padre perfeccionista o una experiencia humillante sufrida a manos de otros niños. Ser apartado del grupo social popular cuando se está en la escuela o ser rechazado por la primera persona a la que se pide una cita puede que haya tenido un impacto tremendo. Pero cualquier cosa que sea lo que usted tenga que incluir en esas categorías del esquema, casi sin ninguna duda condujo al desarrollo de su lado oscuro. Cuando esas experiencias e influencias se combinan con los materiales en bruto del orgullo, el egoísmo, el autoengaño y los motivos equivocados, podemos comenzar a ver cómo nuestro lado oscuro se desarrolla y se convierte en una influencia tan poderosa y controladora en nuestras vidas y nuestro liderazgo.

¿UN LADO BUENO DEL LADO OSCURO?

¿Es posible que haya algo buen que pueda salir de nuestro lado oscuro? La alentadora respuesta a esa pregunta es: ¡sí! Como vimos en el caso de Gandhi y veremos en el siguiente capítulo, nuestro lado oscuro puede, hasta cierto grado, propulsarnos a intentar y lograr cosas que de otra manera puede que no hubiéramos intentado si su presencia no estuviese en nuestras vidas.

PUNTOS CLAVE

- El lado oscuro del liderazgo se desarrolla mediante un patrón predecible aun cuando los detalles serán diferentes para cada persona. Con raras excepciones, las experiencias de nuestra niñez y adolescencia forman nuestro lado oscuro.
- Aunque estemos al tanto de nuestro lado oscuro solo de manera subconsciente, hay señales que lo indican. Tales señales son observables en un impulso o instinto por tener éxito, la necesidad de tener el control, el perfeccionismo o varias compulsiones.
- Nuestro lado oscuro se inclina a ser una compensación exagerada de necesidades que no han sido satisfechas en nuestras vidas, y se desarrolla a medida que intentamos pagar las deudas existenciales de diversos grados que hemos adoptado.

APLICACIÓN PERSONAL

¿Cuáles son las experiencias de su pasado que formaron su propio lado oscuro? ¿Cómo se muestran esas experiencias del pasado en maneras observables en el presente? ¿De qué maneras demuestran ser ayudas y/u obstáculos para su liderazgo?

5

MARISCOS, PICTIONARY
Y EL LADO OSCURO

P ara muchos líderes, empresarios y exitosas personas de negocios, el lado oscuro ha proporcionado el combustible para el logro que es necesario para hacerlos destacar. Aunque muchas veces puede ser una fuerza dolorosa y debilitadora en nuestra vida, nuestro lado oscuro también puede servir como un silencioso mentor interior, que nos forma sin descanso para llegar al triunfo en las mismas áreas de nuestras vidas que ayudaron a crearlo. Virtualmente en todos los campos, los líderes —de forma consciente e inconsciente— se han subido a la ola de su lado oscuro hasta llegar a un asombroso éxito.

LA FABRICACIÓN DE UN ÉXITO DEL MARISCO

"Hijo, ¡no tienes el peso suficiente para jugar a este juego!". Las palabras llegaron a los oídos del ávido muchacho de trece años con una fuerza devastadora y humillante. A medida que iba montado en su bicicleta desde el campo de entrenamiento hasta su casa aquel día, sus ojos estaban inundados de lágrimas de decepción y vergüenza. Para Garry Loncon, ese episodio aparentemente benigno sucedido en el campo de sueños de un adolescente proporcionaría las semillas del lado oscuro que lo motivarían y tendrían influencia en sus elecciones hasta llegar a sus años como adulto.

Siendo niño, Garry siempre fue bajito para su edad. A pesar de su insuficiente estatura física, él había desarrollado una pasión por la competición en el deporte. Su hermano mayor era un dotado atleta tanto en el fútbol americano como en el béisbol. El papá de Garry había sido anteriormente boxeador y entrenaba a los equipos de béisbol infantiles en los cuales Garry y su hermano jugaban. Esos ejemplos familiares echaron leña al fuego del espíritu competitivo de Garry. Cuando estaba en séptimo grado, Garry tenía la seguridad de poder lograr un puesto en el equipo de fútbol júnior nacional de su barrio, con sus bien aprendidas luchas y rápidas rutas perfeccionadas durante incontables horas de competiciones de fútbol de barrio. Por lo tanto, cuando se subió a la báscula aquel día en el campo de prácticas, el entrenador hizo pedazos su sueño. Él se sintió inferior a los demás muchachos y como si estuviera destinado a ser suplente durante toda su vida. Quizá él nunca llegaría a ser titular.

En lugar de derrotarlo, ese traumático rechazo se convirtió en un catalizador que empujó a Garry a demostrar que él podía competir y tener éxito. Aunque nunca pudo competir como titular, aun así halló la manera de participar en los deportes y codearse con las estrellas del deporte que él admiraba y secretamente anhelaba ser. Como resultado de su obvio deseo de ser un jugador más y contribuir al éxito del equipo, uno de los entrenadores de Garry en el instituto, ahora el agresivo coordinador del equipo de fútbol de la universidad de Washington, le invitó a ser el gerente del equipo. Fue una invitación que él enseguida aceptó, pero Garry no estaba contento con ser simplemente un gerente; estaba decidido a llegar a ser entrenador, una posición aún más respetada a los ojos de los atletas. Una vez logrado el estatus de entrenador, Garry estaba decidido a llegar a ser el mejor entrenador de la historia del instituto, una elevada meta que también fue capaz de lograr. Debido a su alto nivel de excelencia y determinación para llegar a ser el mejor, Garry obtuvo una beca para la universidad Western Washington como entrenador universitario.

En la actualidad, Garry Loncon ya no es un jugador suplente. A la edad de treinta y ocho años es director general y uno de los asociados de la empresa Royal Aleutian Seafood, Inc., con sede en Seattle, que es

uno de los productores y distribuidores de cangrejo de mayor crecimiento en la industria altamente competitiva del marisco. Con unos
ingresos anuales que sobrepasan los cincuenta millones de dólares,
Garry ha conducido Royal Aleutian desde turbulentas aguas económicas hasta una sólida rentabilidad en un periodo de cuatro años desde
que se unió a la empresa en el año 1992. Además, ha llevado a la pro-
ductora de marisco a obtener impresionantes ganancias en el mercado
de las acciones cada uno de los años que él ha estado en la empresa.
Desde su posición como perenne participante en el negocio del cangrejo, la cuota de mercado de Royal Aleutian ha ascendido hasta el tercer
puesto nacionalmente, sobrepasada solo por los gigantes del mercado
Peter Pan y Trident Seafood. Estos son logros impresionantes para un
muchacho que tenía temor de no salir nunca del banquillo de jugadores para participar en el juego. Pero el éxito de Garry no es algo poco
común para quienes son impulsados por el lado oscuro.

EL LADO OSCURO DEL PICTIONARY

Millones de personas han disfrutado durante horas con amigos y
familiares jugando al juego de mesa llamado Pictionary. Pero pocos,
si es que hay alguno, saben que debe su existencia, al menos en parte,
al lado oscuro. Rob Angel, el creador del Pictionary, ha experimentado un fenomenal éxito desde cualquier punto de vista. Actualmente
Rob es consciente de que gran parte del éxito que disfruta fue alimentado y arraigado en el terreno que proporcionó su lado oscuro.

Nacido en la prístina provincia de British Columbia, Canadá, Rob
pasó sus años de niñez viviendo bajo las sombras de las majestuosas
Canadian Rockies. Antes de comenzar su educación escolar formal, la
familia de Rob se trasladó al estado de Washington. Aunque el traslado de la familia cambió poco en términos de geografía, hubo sutiles e
invisibles cambios de dialecto y cultura que se perdieron en un
muchacho de cinco o seis años. Una vez establecidos en su nueva
comunidad, los padres de Rob lo matricularon en primer grado en la
escuela local de enseñanza primaria. Debido a que las clases ya habían

comenzado, el joven canadiense se unió a sus nuevos compañeros de clase el día en que se realizaba una prueba de deletrear palabras, una prueba para la cual Rob no estaba en absoluto preparado. Aunque se esforzó todo lo que pudo, el resultado fue un desastre. Treinta y dos años después, cómodamente sentado en su espacioso y lujoso hogar en Seattle, Rob recuerda de forma muy particular la mirada feroz de la maestra cuando entregaron las hojas de la prueba y después la clara desaprobación en su voz al decir con fuerza suficiente para que toda la clase lo oyera: "¡No sabes deletrear nada!". Aquella experiencia, por inofensiva que pueda parecer, dejó una poderosa huella grabada en la mente de ese niño de seis años que aún le influencia. Rob dice: "Hasta este día me veo a mí mismo como un mal estudiante y solo mediocre académicamente".

No puede determinarse si las palabras de la maestra fueron dichas con desprecio o simplemente expresadas como una observación correctiva. Lo que importa es el impacto que tuvieron en un joven muchacho que claramente no las interpretó como alentadoras o de apoyo. Fueron recibidas como dolorosos golpes verbales que dejaron heridas invisibles en un joven e inseguro muchacho. Rob se sintió como si hubiese sido públicamente elegido como un fracaso. Fue aquel simple incidente en su niñez lo que plantó la primera semilla del lado oscuro de Rob.

A la luz de la dificultad que Rob tenía con las palabras cuando estaba en primer grado, es interesante que haya obtenido fama internacional y una tremenda riqueza como creador de un juego de mesa que utiliza dibujos para comunicar palabras. Una de las experiencias de la niñez de Rob más memorables y dolorosas ha sido redimida por el éxito mundial de un juego de mesa.

Es obvio que un evento tal en la vida de un niño no es necesariamente suficiente para convertirse en una fuerza impulsora para llegar al éxito. El fracaso de Garry Loncon en el campo de fútbol y el suspenso en la prueba de deletreo de Rob Angel por sí solos no son suficientes para explicar su casi obsesiva determinación de tener éxito. Pero cuando se combinan con otras experiencias similares y los materiales en bruto de la personalidad, el lado oscuro comienza a operar en serio.

PALOS Y PIEDRAS

"¡Sucio cerdo judío!". Solo unos cuantos años después de la vergüenza de haber suspendido la prueba de deletrear, ese epíteto racista, lanzado por desconsiderados compañeros de clase en un patio de recreo para niños, penetraron en la ya sensible psique de Rob. Ser un joven muchacho judío en una ciudad arrolladoramente mordaz, que tenía solamente una sinagoga para una población de doscientos mil residentes, no era una experiencia que alimentase el ego. Sin embargo, sí que proporcionó un sentimiento de unidad y de familia para la relativamente pequeña población judía. Como resultado, Rob aprendió temprano en la vida cómo compensar su estatus minoritario con una personalidad encantadora y extrovertida que le hizo ganarse muchos amigos en el instituto y la universidad y que aún le sigue sirviendo bien. Pero la mancha de palabras hirientes sobre el poroso lienzo de una joven vida no se borra fácilmente. Aquellas y otras experiencias comenzaron a alimentar el fuego interior de Rob y proporcionaron el impulso que un día le propulsaría hasta un nivel de éxito que de otra manera puede que nunca hubiese logrado.

EDUCACIÓN Y UNA MAMÁ TRABAJADORA

Mientras que Rob Angel tuvo su parte de luchas en el ambiente escolar, Garry Loncon, como contraste, encontró en lo académico un campo en el cual pudo finalmente competir hasta con los más dotados.

El padre de Garry, a quien Garry había elevado a un estatus de héroe, tenía un sentimiento de fracaso por no haber tenido nunca una educación académica formal, y con frecuencia expresaba verbalmente sus sentimientos de fracaso. Por consiguiente, Garry y sus hermanos eran alentados a sacar lo máximo de su educación.

Aun cuando estaba en la primaria, Garry había decidido que él ayudaría a aliviar el sentido de vergüenza de su papá convirtiéndose en el primer miembro de su familia que se graduase en la universidad.

Sin embargo, estando ya en la universidad, Garry no estaba contento simplemente con graduarse; Garry se graduó con honores.

Otro de los eventos más traumáticos y motivadores en el desarrollo de Garry fue enterarse de que su mamá, una mujer refinada, fuerte y atractiva, trabajaba como criada para las familias de sus compañeros más ricos. Garry lo describe como un tipo de epifanía que causó un profundo impacto en él, sirviendo para reforzar sus sentimientos de inferioridad.

Para Garry, los ingredientes que participaron en la creación de su lado oscuro serían normalmente considerados inofensivos: una escasa estatura física que frustró sus aspiraciones deportivas, un padre muy admirado que sentía vergüenza debido a su propia falta de educación académica, saber que su mamá limpiaba las casas de sus compañeros de clase, y la privación material que generalmente acompaña a una educación en la clase trabajadora. Todas aquellas experiencias de la niñez y la adolescencia dejaron a Garry con la carencia de un bloque o dos en su pirámide de necesidades, en particular los bloques de amor y estima. Él no sintió la aceptación de las estrellas del deporte a las que tanto admiraba y se sentía como jugador suplente. Aquellos sentimientos generaron la necesidad de tener éxito, al igual que la necesidad de aceptación y aprobación conllevaría ese éxito. Como Garry lo expresa: "Sentía que tenía algo que demostrar. A quién, realmente no lo sé; quizá quería impresionar a los deportistas a quienes miraba". Y añade: "Quería demostrarles a mis padres y a mis amigos que podía destacar en algo". Aunque él nunca pudo llegar a identificar los sentimientos y necesidades que comenzaban a burbujear en el interior de su vida, estos le propulsaron a lograr el éxito que ahora disfruta.

En la actualidad, Garry finalmente está entendiendo su lado oscuro. Ahora comprende que su considerable éxito no borrará las experiencias de la niñez que lo han impulsado. Aunque podrían estar aquietadas de alguna manera por sus logros, esas experiencias siguen estando ahí, justo debajo de la superficie, motivándolo a mantener su recién hallado papel como jugador titular.

Para Garry Loncon, el éxito continuado requerirá que él trate los sentimientos de inferioridad de su niñez y el temor al fracaso. Necesitará aprender cuándo un éxito suficiente es suficiente y que ninguna cantidad de dinero o de logros llegará a erradicar por completo los recuerdos y los sentimientos que lleva dentro de él en la actualidad. Porque, demasiadas veces, cuando nunca se aprenden las lecciones del lado oscuro, este impulsa aun a líderes exitosos a hacer elecciones imprudentes, impulsivas, poco éticas o inmorales que puede que finalmente conduzcan a la pérdida del éxito mismo que ha creado.

RIVALIDAD ENTRE HERMANOS Y UNA VICTORIA DECEPCIONANTE

El viaje de Rob Angel, aunque es distinto al de Garry Loncon en los detalles, ha sido sin embargo trazado, hasta cierto grado, por el lado oscuro.

Rob recuerda estar en competición constante con su hermano mayor por la atención de sus padres. Su hermano, Harvey, era un cómico natural que hacía reír constantemente a la familia y proyectaba una larga sombra sobre la vida de Rob. Uno de los episodios más decepcionantes en la adolescencia de Rob se produjo cuando él creyó haber sobrepasado finalmente a Harvey. Los muchachos judíos estudian mucho para responder bien en su bar mitzvah, que es un rito de paso muy importante. Para esa importante ocasión, Harvey no se aplicó, y el resultado fue un bar mitzvah bueno pero poco inspirado. Rob lo consideró como la oportunidad que él había estado esperando, y decidió destacar en su bar mitzvah unos años después y apartar el foco de luz bajo el que Harvey parecía estar constantemente. Rob ejecutó su plan a la perfección. Estudió mucho, practicó su hebreo y brilló en su bar mitzvah. Desde luego, esperaba que sus padres estuviesen muy felices con su actuación y tenía gran ilusión por el ritual de la fotografía familiar que inmortalizaría esa victoria difícilmente lograda sobre Harvey. Eso no llegó. De hecho, nunca se tomó ninguna fotografía. No fue un descuido intencionado por parte de los padres de Rob, y ellos le felicitaron por sus logros pero, al mismo tiempo, la falta de las fotografías que Rob había esperado fue para él una importante omisión. Fue una fuente de gran decepción que sigue alimentando el lado oscuro de Rob. Él continúa sintiéndose impulsado a igualar su anterior éxito creando otro juego y desarrollando el Pictionary para convertirlo en un concurso sindicado en televisión.

Luz arrojada sobre los peligros del lado oscuro

Tanto Garry como Rob tienen un mayor conocimiento de su singular lado oscuro. Han tomado tiempo para reflexionar en la poderosa influencia que su lado oscuro ha tenido en su éxito actual. Pero vencer los aspectos negativos del lado oscuro requiere una vigilancia continua. Al igual que todos los líderes exitosos, Garry y Rob necesitarán comprender que las poderosas fuerzas que les ayudaron a forjar su éxito también pueden facilitar su fracaso.

PUNTOS CLAVE

- Hay un lado bueno del lado oscuro. A menudo sirve como mentor silencioso, que incansablemente nos forma para triunfar en las mismas áreas de nuestra vida que ayudó a crear en un principio.
- Quienes reflexionen en ello, verán que el lado oscuro tiene una poderosa influencia en su actual éxito.

APLICACIÓN PERSONAL

Despúes de leer las historias de Garry y Rob, escriba una historia similar sobre usted mismo. Reflexione en su pasado y describa cómo su lado oscuro dirigió su vida, su carrera y su ministerio.

6

PARADOJAS DEL
LADO OSCURO

Pocos eventos han fascinado el interés colectivo, aunque escabroso, de nuestro país como el escándalo de Jim Bakker-PTL de finales de los años ochenta.[1] Durante meses, *Nightline*, el popular programa de noticias de la cadena ABC presentado por Ted Koppel, presentó a los principales personajes en aquel trágico drama y también mordaces comentarios. En el núcleo de la caída de la gracia de Jim Bakker estaba la violación de leyes federales con respecto al fraude por teléfono y por correo. En un esfuerzo por hacer avanzar el reino de su PTL, Bakker frecuentemente solicitaba donativos para proyectos concretos pero utilizaba los fondos para cualquier proyecto en el que él estuviera más interesado en ese momento. Las promesas de participación de por vida que proporcionarían estancias gratuitas en la "Disneylandia" cristiana de Bakker a cambio de los donativos sacrificiales hechos por su congregación televisiva nunca llegaron a materializarse tal como se habían anunciado.

Una fuerte intriga secundaria del drama implicaba a la ahora infame secretaria de la iglesia en Nueva York, Jessica Hahn, y un sórdido lugar de encuentro en una habitación de hotel en Clearwater,

Florida, con Jim Bakker y varios de sus asociados. En un esfuerzo por evitar que la ya mancillada secretaria hablase con la prensa, Bakker autorizó una recompensa económica. El desastre al completo fue sacado a la atención pública por otro teleevangelista, Jimmy Swaggart, cuya única motivación —según dijo él— era proteger la integridad del ministerio televisivo y mantener la pureza en el Cuerpo de Cristo. No mucho tiempo después Swaggart fue él mismo dejado al descubierto como frecuente visitante de prostitutas, lo cual dio como resultado su propia confesión llena de lágrimas y la definitiva reducción de su imperio televisivo.

¿Qué papel jugó el lado oscuro en la trágica caída de Jim Bakker? ¿Era él simplemente un sofisticado charlatán espiritual, que desde un principio maquinaba estafar a la gente millones de dólares para financiar un frívolo y extravagante estilo de vida? ¿O pudo ser que Jim Bakker lanzase su enérgico ministerio con la más noble de las intenciones solo para encontrarse a sí mismo inconscientemente rebasado por su propio lado oscuro? En la vida y el ministerio de Jim Bakker podemos ver un ejemplo muy claro del potencial y de los problemas, a lo que podríamos llamar la paradoja, del lado oscuro tal como se relaciona con el ejercicio del liderazgo.

Un anhelo de logros

A finales de los años cincuenta un joven Jim Bakker tenía aspiraciones de dejar una marca en el ministerio.[2] Anhelaba dejar una marca en cualquier cosa que le consiguiese un poco de atención. Para hacer justicia al joven ministro en ciernes, su deseo de marcar una diferencia no era un intento consciente de elevarse y promocionarse a sí mismo; él tenía un genuino deseo de ver el Evangelio proclamado y a personas llevadas a una nueva vida en Jesucristo. Sin embargo, desde sus primeros años las semillas del lado oscuro habían sido profundamente plantadas en su personalidad en desarrollo como resultado de lo que él percibía ser una niñez desfavorecida. Según Jim, su familia "vivía en la pobreza" en Muskegon, Michigan, y él se sentía "avergonzado por la casa de [su] familia". Él dice: "Siempre que alguien me llevaba en auto desde la escuela a mi casa, yo pedía que me dejase varios bloques antes a fin de que nadie viese la casa".[3] Él también se encogía ante la falta de sofisticación demostrada por su iglesia pentecostal y la manera frugal y claramente de segunda clase en la cual era mantenido el edificio de la iglesia. El pastor de su iglesia pintaba las clases de la escuela dominical de color púrpura simplemente porque la pintura de ese color era gratis. Aquello era una fuente de vergüenza para el joven Bakker.

Las calificaciones de Jim Bakker como estudiante no hicieron más que reforzar su sentido de autodepreciación. Tuvo tan malas notas en su último año en el instituto que no pudo graduarse con su clase y se vio obligado a repetir ese último año.[4] Más tarde, sus feligreses televisivos no sabían que su "pastor" en la televisión nunca se había graduado en la escuela bíblica North Central Bible College, aun cuando él daba a entender que así había sido.

Otra fuente de la baja autoimagen del futuro teleevangelista fue su escasa estatura física. Cuando era alumno en el instituto solamente pesaba 60 kilos y tenía una diminuta presencia.

Bakker recibió poca afirmación o aliento por parte de sus padres. Su madre era fría y metida en sí misma mientras que su padre era firme, crítico, trabajador y tacaño con el poco dinero que la familia tenía.[5] Claramente, uno de los eventos más traumáticos en la vida de Jim Bakker fue el fracaso personal de su hermano mayor, Bob, durante los años de adolescencia de Jim. Las fiestas y las borracheras de Bob causaron una gran vergüenza a la familia. Bakker reconoció la cicatriz que el comportamiento de su hermano dejó en la familia, y él decidió pasar al puesto de honor que su hermano había dejado vacío en un esfuerzo por borrar el sufrimiento familiar. Esa fue una de las primeras señales del desarrollo de su lado oscuro: un intento de sentirse mejor consigo mismo y potenciar su autoimagen, aunque fuese a expensas de su hermano caído.

Debido a ese sentimiento de inferioridad profundamente arraigado, Jim Bakker tenía un anhelo de logros y de demostrarse a sí mismo y también a otros que él no sería un fracaso como su hermano Bob. Aunque él tenía mucha habilidad para el entretenimiento y le encantaba ser el centro de atención, sabía que Broadway no era una opción posible para alcanzar los logros que anhelaba, y sin duda alguna era un tabú en el ambiente de su iglesia pentecostal. El camino de evangelista itinerante ofrecía una ruta más rápida y más aceptable hacia el éxito. Ser un evangelista proporcionaba una profesión con la publicidad que él anhelaba y en la cual su nivel de logros solamente se vería obstaculizado por su propia falta de esfuerzo, algo que nunca sería un problema para el entusiasta y deseoso Bakker.

Jim Bakker alcanzó un éxito sorprendente desde cualquier punto de vista. Cuando se produjo su caída, Bakker era el rey de un reino impresionante: el parque temático cristiano Heritage U.S.A., el complejo de viviendas Heritage Village, el hotel Heritage Grand Hotel, el parque acuático PTL, la torre Heritage Tower Hotel, la iglesia Heritage Village Church y un masivo complejo televisivo de vanguardia. Desgraciadamente, debido a que no fue consciente de su lado oscuro, las semillas que se habían sembrado comenzaron a crecer de modo descontrolado hasta que finalmente produjeron su oscura cosecha. Al final, los elementos que le motivaron a lograr su éxito también produjeron el autoengaño y la debilidad personal que causaron su caída.

Impulsado a caer

El lado oscuro de Jim Bakker no solo creó en su interior un anhelo de logros en un esfuerzo por vencer sus sentimientos de inferioridad y baja autoestima, sino que también lo impulsaron hacia un fracaso trágico. La naturaleza de su singular lado oscuro creo un líder que no veía ningún problema en aceptar exorbitantes gratificaciones de seis cifras aunque el ministerio tuviera una profunda deuda. Su extravagante estilo de vida servía como un constante bálsamo que era aplicado generosamente a su frágil autoimagen en un esfuerzo por aquietar ese constante susurro en sus oídos. El biógrafo Charles E. Shepard dice: "Su fácil acceso a dinero en efectivo y tarjetas de crédito de PTL fomentó un estilo de vida que debilitaba sus exagerados recuerdos de abrigos gastados y una casa color naranja en la avenida Sanford".[6]

Aunque era, sin ninguna duda, una realidad subconsciente, PTL no era primordialmente el vehículo de Dios para alcanzar personas sino más bien una extensión de la personalidad de Jim Bakker. PTL *era* Jim Bakker. Por consiguiente, cualquier intento de restringir el crecimiento y las finanzas fuera de control en PTL era sinónimo de evitar que su líder psicológicamente necesitado lograse lo que lo definía como persona. Sin su constante participación en proyectos importantes, cada uno de ellos más magnífico y grandioso que el anterior, Jim Bakker se veía a sí mismo como un endeble alumno que tuvo que abandonar la escuela bíblica, viviendo en el lado equivocado de la calle en el Muskegon de clase trabajadora, una imagen que se había pasado toda la vida intentando borrar. Era una autoimagen con la que él no podía vivir, aun si significaba su autodestrucción definitiva.

Este defecto personal, un producto de su lado oscuro, fue el factor que más contribuyó a su fracaso como líder. Aunque su lado oscuro proporcionó el impulso, la perseverancia y la inteligencia que lo capacitaron para construir una masiva organización cristiana, también evitó que él mismo viese sus propios defectos y tomase las medidas proactivas que podrían haberlos compensado y haber dado como resultado un liderazgo aún más eficaz pero equilibrado. A fin de cuentas, si Jim Bakker hubiera tomado el tiempo para realizar un serio autoexamen, si hubiera recibido una respuesta sincera por parte de quienes le conocían y si hubiera sabido de su lado oscuro, es probable que aún pudiera seguir siendo el director de PTL. Él podría haber identificado algunos de los efectos negativos de su lado oscuro, podría haberse sometido a sí mismo a rendir cuentas y haber puesto adecuadas estructuras de organización como protección que es probable que hubiesen evitado una caída tan trágica.

Tal es la naturaleza paradójica del lado oscuro del líder. No es el justo castigo de los líderes conocidos en todo el país y de los teleevangelistas populares. Es común a cada individuo que está en el liderazgo o aspira a estarlo. Es muy fácil y natural para nosotros sentarnos con una actitud de crítica farisaica de los Jim Bakker y Jimmy Swaggart del mundo cristiano mientras que, a la vez que lanzamos nuestras piedras, pasamos por alto el mismo principio que funciona en nuestro propio liderazgo. Las trágicas caídas como la de Jim Bakker se encuentran cada día en iglesias por todo el país, aunque en una menor escala, cuando pastores y líderes cristianos experimentan todo tipo de cosas, desde graves caídas morales y comportamiento no ético hasta sencillamente abandonar por completo el ministerio porque su lado oscuro les hace incapaces de realizar su trabajo. No tiene por qué ser de esta manera.

PODER PARA BIEN

El famoso evangelista mundial Billy Graham es un ejemplo de un líder que fue motivado al logro como resultado de una experiencia traumática durante sus años de adolescencia pero que ha evitado convertirse en una víctima de su lado oscuro. A la edad de dieciocho años, Billy se enamoró perdidamente de una muchacha llamada Emily y le propuso matrimonio. Después de meses de vacilar en darle una respuesta, Emily finalmente aceptó la proposición de matrimonio de Billy. ¡Él estaba eufórico! Sin embargo, varios meses después Emily rompió el compromiso y le devolvió el anillo que él le había entregado. Billy quedó anonadado por el golpe. En una carta a su amigo Wendell Phillips, Billy escribió: "Todas las estrellas se han caído de mi cielo... No hay nada por lo cual vivir. Hemos roto". Catherine, la hermana de Billy, describió el compromiso roto como "absolutamente traumático", y ella sintió que hizo que él fuese impulsado a una mayor seriedad. Melvin, hermano de Billy, ofreció una evaluación diferente de la situación: "Ella quería casarse con un hombre que fuese a llegar a ser alguien, y no pensaba que él fuese a lograrlo. Nunca olvidaré eso. Nosotros nos imaginamos que ella tenía razón. Fue algo que le dejó roto. Yo creo que fue un punto de inflexión".[7]

Fue ese traumático evento de perder a la muchacha a la que amaba debido a ser una promesa insuficiente lo que puede que hiciera que Billy aspirase a hacer "algo grande", tal como él lo expresa. Él llegó a estar muy motivado para demostrarles a Emily y a su familia que estaban equivocados y para llegar a ser alguien. Aunque ese rechazo creó una profunda herida interior (la falta de un bloque en su pirámide de necesidades) y lo impulsó al logro, Dios obviamente obró en todo ello. Podría haber sido exactamente lo que aquel Billy alto, delgado y frecuentemente enfermo necesitaba para motivarlo a lograr cosas que de otro modo nunca habría intentado.

Con el paso de los años Billy Graham ha prestado atención a las oscuras obras de su lado oscuro. Durante su ascenso hacia el liderazgo y la fama internacionales, su conciencia de sí mismo aumentó en igual medida. Billy Graham se convirtió en un líder que también era un estudiante de sí mismo y comprendía las áreas de su lado oscuro que le hacían vulnerable a la tentación, y tomó las medidas proactivas para evitar convertirse en una víctima del lado oscuro. Al principio de su ministerio en una habitación de hotel en Modesto, California, reunió a sus asociados y dijo:

> Dios nos ha traído hasta aquí... Quizá Él esté preparándonos para algo que no sabemos. Intentemos recordar todas las cosas que hayan sido una piedra de tropiezo y un obstáculo para los evangelistas en el pasado, y volvamos a reunirnos dentro de una hora para hablar de ello, orar por ello y pedir a Dios que nos guarde de esas cosas.[8]

A pesar de la fama que ha recibido, Billy Graham ha mantenido una destacada reputación y ha dado realce a la causa de Cristo de maneras incontables. Dios pudo utilizar el lado oscuro de Billy debido a la disposición de Billy a entender sus propias debilidades y buscar continuamente la protección y la dirección de Dios.

APRENDER A COMPRENDER NUESTRO LADO OSCURO

Cuando nuestro impulso hacia el logro, alimentado por necesidades no satisfechas (como la necesidad de aprobación) y la deuda existencial, se canaliza en la dirección correcta, puede ser un poder para bien. Sin embargo, cuando ese impulso motivado por la necesidad comienza a desviarse, puede dar como resultado un desastre como el que hemos visto. La clave que determinará si experimentamos éxito o trágico fracaso es el grado hasta el cual lleguemos a familiarizarnos con nuestro lado oscuro y pongamos en su lugar las defensas que evitarán que corra desenfrenado y pisotee nuestra capacidad de liderar con eficacia. A medida que crezcamos en el liderazgo, experimentaremos fracasos, tensión, luchas emocionales, conflictos interpersonales y otras situaciones que pueden sacar a la luz nuestro lado oscuro para que podamos verlo si prestamos atención. Con el tiempo, debiéramos comenzar a entender las experiencias que han servido como base para el desarrollo de nuestro lado oscuro y a buscar las herramientas que evitarán que descarrilemos.

Las diferentes características del lado oscuro pueden agruparse en varias categorías amplias, de las cuales hablamos en la segunda parte. Aunque esas cinco categorías puede que no se consideren en todos los posibles problemas que afrontemos, pueden proporcionar el marco general que necesitamos para comenzar el proceso de entender nuestro singular lado oscuro.

PUNTOS CLAVE

- El lado oscuro puede engendrar bien o mal, gozo o dolor, potencial o problemas.
- El aspecto negativo del lado oscuro sale a la superficie cuando lo utilizamos de modo egoísta solo para satisfacer nuestras propias necesidades y deseos.
- Podemos utilizar nuestro lado oscuro para servir a los propósitos de Dios en nuestra vida en lugar de solamente a nuestras necesidades no satisfechas.

APLICACIÓN PERSONAL

Medite en la paradoja del lado oscuro en su propia vida. ¿Dónde lo ha visto salir a la superficie de manera negativa? ¿Cómo sirve a los propósitos de Dios en su vida?

DESCUBRIR NUESTRO LADO OSCURO

2

PARTE

7

EL LÍDER
COMPULSIVO

Cuando era niño, trágicas circunstancias dictaron que el muchacho fuese abandonado por sus padres. Esa grave medida, que sus padres tomaron con vacilación, era la única esperanza que el niño tenía para poder sobrevivir; se hizo en un esfuerzo por salvarle la vida.[1] Desgraciadamente, los niños no pueden entender las circunstancias o discernir las motivaciones que precipitan situaciones tan traumáticas. Ellos simplemente son dejados a merced de toda una vida de revisar y tratar los escombros emocionales que de modo inevitable resultan.

Al crecer, probablemente no fuese difícil para el niño imaginarse que era un niño adoptado. Su aspecto era distinto al de su familia de adopción y provenía de una cultura completamente diferente. Es probable que hiciese las mismas preguntas que todos los niños adoptados finalmente hacen: ¿Por qué? ¿Qué había de malo en mí? ¿Por qué no quisieron mis padres quedarse conmigo? Ese tipo de preguntas muchas veces siguen haciéndose durante toda la vida.

A medida que el muchacho crecía y maduraba, aprendió sobre su herencia cultural y probablemente comenzó a entender más acerca de las circunstancias que condujeron a su abandono cuando era niño. Sin embargo, simplemente el entender no hace que las cicatrices o el dolor desaparezcan.

Cuando era un jovencito, había quedado claro para él que los miembros de su propia raza y cultura vivían en una situación de opresión. Como resultado de haber sido adoptado en una familia rica y bien conectada, el joven tenía el poder y la posición necesarios para llevar liberación a las personas de su raza que seguían sufriendo como prisioneros y esclavos políticos. Sin embargo, su intento inicial de liberar a su pueblo resultó en fracaso: de hecho, resultó en asesinato. Cuando su abuelo adoptivo supo de su acto subversivo, tomó medidas para hacer que su nieto fuese muerto para pagar el crimen. El joven huyó a un país extranjero para salvar la vida (Ex. 2:1-15).

Tales fueron las experiencias de la niñez de Moisés. Abandono por parte de sus padres cuando era niño, adopción por parte de los enemigos de su propio pueblo, una educación en el rígido ambiente de una familia real con las subsiguientes elevadas expectativas, un importante fracaso, y el definitivo rechazo por parte de su abuelo adoptivo formaron parte de los años de formación de Moisés. No hay duda de que fue la combinación de las necesidades no satisfechas que fueron resultado de su niñez la que creó el lado oscuro de Moisés e hizo que se convirtiese en un líder compulsivo.

Moisés: un hombre en control

En el tiempo en que Moisés liberó a los israelitas de la esclavitud en Egipto, los cálculos más conservadores sitúan el número de personas bajo su liderazgo aproximadamente en tres millones. Durante cualquier edad y para cualquier líder, sin importar lo dotado que sea, ese es un número imposible de personas sobre las cuales ejercitar un control directo. Y sin embargo, parece según el relato bíblico que Moisés sentía una necesidad de tener el control y creía que por sí solo era capaz de hacer el trabajo correctamente. En Éxodo 18 se nos dice que solamente Moisés mediaba en las disputas entre el pueblo y dictaba juicios de gran autoridad. A fin de lograr esa tarea, las personas con disputas estaban delante de Moisés "desde la mañana hasta la tarde", un periodo de al menos doce horas, a fin de que Moisés pudiese resolver sus problemas. Parece que algunas de esas disputas eran de naturaleza bastante trivial (Ex. 18:22).

Uno pensaría que un hombre con el nivel de educación de Moisés y expuesto en Egipto a la forma más sofisticada de gobierno conocido por el mundo en aquel tiempo vería la necesidad de delegar autoridad. Pero fue necesario que su suegro Jetro, que era pastor de ovejas, fuese testigo de esa ineficaz práctica y sugiriese cambios de organización antes de que Moisés viese que su necesidad compulsiva de tener control no era sana ni para él ni para el pueblo (Ex. 18:17-18).

Además del asunto del control, parecería que Moisés estaba sujeto a ocasionales erupciones públicas de ira. De hecho, uno de sus arrebatos públicos dio como resultado que él no pudiese entrar en la Tierra Prometida, que era el propósito final de sacar al pueblo de Egipto (Nm. 20:1-13). Aunque un análisis de la personalidad de Moisés no puede ser más que conjetura, parecería razonable suponer que sus arrebatos públicos de ira delante de un pueblo difícil pueden indicar algo de ira y resentimiento reprimidos de sus años de niñez y juventud.

A pesar de las luchas de Moisés, Dios lo usó de maneras increíbles para hacer avanzar su plan del Reino, y él disfrutó de una íntima comunión con Dios (Dt. 34:10). Cualquiera que fuese la causa exacta, en la vida y el liderazgo de Moisés podemos ver algunos de los signos de un líder compulsivo.

MANTENER EL CONTROL A TODA COSTA

Compulsivo en un contexto de liderazgo describe la necesidad de mantener el orden absoluto. Debido a que el liderazgo compulsivo resulta de la propia personalidad compulsiva del líder, este ve la organización como otra área de su vida que debe ser controlada. El líder ve el rendimiento en la organización como un reflejo directo de su propia persona y rendimiento. El líder compulsivo persigue la perfección hasta llegar a un extremo, tanto en su vida personal como de organización. Los líderes compulsivos generalmente desarrollan rutinas diarias muy rígidas y altamente sistematizadas que deben seguir meticulosamente.[2] Esto puede incluir ejercicio, devocionales, horario y rutinas familiares y extenderse hasta el liderazgo de las organizaciones. Los líderes compulsivos también tienden a ser muy conscientes del estatus y, como resultado, son respetuosos y halagadores con sus superiores, a menudo haciendo más de lo que les corresponde para impresionarlos con su diligencia y eficiencia.[3] Continuamente buscan la seguridad y la aprobación de figuras de autoridad, y se sienten ansiosos cuando no están seguros de su rendimiento y posición.[4] Debido a que todos esos esfuerzos requieren una enorme cantidad de energía, los líderes compulsivos están excesivamente dedicados al trabajo, convirtiéndose muchas veces en adictos al trabajo. Trabajan una cantidad excesiva de horas en detrimento de su familia y establecen un ejemplo y un ambiente poco sanos para los demás miembros del personal, los cuales se sienten como holgazanes si no le siguen el ritmo al jefe o si quieren irse de la oficina después de un día normal de trabajo. Hay poco espacio para la espontaneidad, y hasta el recreo y el placer del líder compulsivo muchas veces se planifican de antemano a fin de sacarle el mayor partido a su tiempo de relax. Estos líderes son a menudo excesivamente moralistas, concienzudos y críticos tanto consigo mismos como con los demás.[5]

Aunque los líderes compulsivos son imagen del orden absoluto (como en su acicalamiento, su ropa, su conversación, su familia y su ambiente de trabajo), en su interior son un barril de pólvora emocional.[6] En su corazón pueden estar enojados y ser individuos rebeldes que creen que está mal expresar sus verdaderos sentimientos. Esos sentimientos pueden ser el resultado de una rígida niñez donde se tenían expectativas de ellos poco realistas; o pueden ser el producto de algún fracaso o trauma en la niñez al cual no le permitieron dar una expresión adecuada. Cualquiera que sea la fuente, los líderes compulsivos responden a su desorden interior atando tan fuertemente sus sentimientos que se produce lo contrario al desorden: individuos muy controlados y ordenados.[7] Por eso es común que la ira reprimida de tales personas se exprese en arrebatos repentinos y violentos, para ser luego controlados con la misma rapidez y ofrecer las excusas apropiadas.

En última instancia, todos los esfuerzos por ejercer y mantener el control de sus vidas y sus situaciones son esfuerzos para evitar que salgan a la superficie la ira, el resentimiento y la rebelión que han sido reprimidos. Es común que los líderes compulsivos tengan esa ira tan profundamente enterrada y vivan tanto tiempo sin querer reconocerla, que no sean conscientes de su presencia. El primer paso hacia la recuperación del equilibrio es identificar si el liderazgo compulsivo es un problema, y después comenzar a reflexionar en sus posibles fuentes.

LÍDERES COMPULSIVOS EN LA IGLESIA

Hay muchos pastores y líderes espirituales en la actualidad que sienten la necesidad de tener el control completo de su organización hasta en los más mínimos detalles. Deben supervisar la preparación del boletín para asegurarse de que cumple con sus elevadas normas; escogen todos los cantos para la adoración del domingo: hay un director de alabanza, pero esa persona no es capaz de combinar bien los cantos con el tema del sermón. Esos líderes son obsesivos con cada decisión. Un pastor de una iglesia grande insistía en que su personal llevase trajes negros o azules, camisas blancas y corbatas rojas. ¡Eso constituía política de personal!

La compulsión en la Iglesia muchas veces se demuestra en la búsqueda de la excelencia en el ministerio. Esos esfuerzos por la excelencia pueden convertirse en perfeccionismo. Los líderes compulsivos ven la organización que dirigen como una extensión y un reflejo de sí mismos; por lo tanto, cualquier defecto que haya en la organización se considera un reflejo directo de ellos personalmente. Nosotros apoyamos con toda firmeza la excelencia en el ministerio, pero debe haber equilibrio. Necesitamos reconocer cuándo nuestra búsqueda de excelencia cruza la línea y se convierte en obsesión. La crítica y la evaluación excesivas pueden ser otro síntoma de un liderazgo compulsivo en la Iglesia. Muchas veces tales líderes son los más críticos de sí mismos, pero su actitud afecta a otras personas dentro de la organización.

Aunque todos los anteriores comportamientos se realizan bajo el disfraz de servir a Dios y hacer todo lo que podamos para el Señor, lo cual es admirable, en realidad se hace todo en un intento de satisfacer las poco sanas necesidades del líder.

PUNTOS CLAVE

• Una manifestación del lado oscuro es el desarrollo del líder compulsivo. Moisés es un ejemplo que se encuentra en la Biblia.

• Algunos signos de un líder compulsivo incluyen los siguientes. Los líderes compulsivos son conscientes del estatus, buscan seguridad y aprobación de quienes están en autoridad; intentan controlar actividades y mantener el orden, y normalmente son adictos al trabajo. A veces son excesivamente moralistas, concienzudos y críticos.

• En su corazón, los líderes compulsivos tienen una actitud de ira y rebeldía. Ya que puede que sientan que no es apropiado expresar sus verdaderos sentimientos, es posible que repriman su ira y su resentimiento.

APLICACIÓN PERSONAL

¿Cómo sabe usted si es un líder compulsivo? Si ha leído hasta este punto y no puede identificarse con nada de lo que se ha dicho, probablemente no sea usted un líder compulsivo. Sin embargo, si captó usted vislumbres de sí mismo en algunos, aunque no en todos, de los signos descritos, podría tener algunas tendencias hacia ser un líder compulsivo. También estarán quienes sientan como si alguien se hubiese metido en su piel y les hubiera descrito a la perfección. Entonces es más que probable que sea usted un líder compulsivo. Para ayudarle a entender si es esta la forma que ha adoptado su lado oscuro, ofrecemos el siguiente inventario. Lea cada frase y haga un círculo en el número que más se corresponda con las impresiones que tiene sobre usted mismo.

5 = fuertemente de acuerdo
4 = de acuerdo
3 = inseguro
2 = en desacuerdo
1 = fuertemente en desacuerdo

1. A menudo me preocupo de que mis superiores no aprueben la calidad de mi trabajo.   1   2   3   4   5

2. Estoy muy reglamentado en mis rutinas personales diarias, como mi calendario de ejercicio o devocionales.   1   2   3   4   5

3. Cuando las circunstancias dictan que debo interrumpir mis rutinas personales diarias, me encuentro a mí mismo de mal humor y sintiéndome culpable por haberme "saltado" un día.   1   2   3   4   5

4. Con frecuencia me encuentro siendo consciente de mi estatus con relación a otros.   1   2   3   4   5

5. Es difícil para mí tomarme un día libre no planeado de mis responsabilidades de trabajo solo para estar por ahí o pasar tiempo con amigos o familiares.   1   2   3   4   5

6. Mientras no estoy trabajando, me encuentro a mí mismo pensando en temas relacionados con el trabajo, a menudo sentado para escribir mis ideas en detalle aun si eso interrumpe mis actividades familiares.   1 2 3 4 5

7. Me gusta planear en detalle mis vacaciones a fin de no desperdiciar tiempo.   1 2 3 4 5

8. A menudo tengo arrebatos de ira después de que me hayan bloqueado o irritado al ir conduciendo o por asuntos triviales.   1 2 3 4 5

9. Soy meticuloso con mi aspecto personal, que mis zapatos brillen, que mi ropa me siente bien, que mi cabello esté bien cortado y peinado y que mis uñas estén siempre recortadas.   1 2 3 4 5

10. Con frecuencia hago comentarios sobre las largas horas que trabajo y mi apretada agendade trabajo.   1 2 3 4 5

11. Cuando otros cometen errores por descuido o prestan poca atención al detalle, me siento molesto y juzgo a esa persona.   1 2 3 4 5

12. Siento obsesión por los más pequeños errores, y me preocupo de que den un mal reflejo de mí.   1 2 3 4 5

Sume todos los números que ha puesto en círculos y escriba el total aquí:

_____

Si la suma total es de menos de 20, es probable que no sea usted compulsivo. Si su total está entre 21 y 40, existe la posibilidad de que tenga usted *algunas* tendencias compulsivas. Si su total es de 41 o más, probablemente sea usted un líder compulsivo.

¿Ve los rasgos de un líder compulsivo en usted mismo? ¿De qué maneras refleja este tipo de líder el lado oscuro de usted?

8

EL LÍDER
NARCISISTA

La antigua mitología griega cuenta la historia de un joven muchacho llamado Narciso. Narciso era un hermoso muchacho. Era tan bello, dice la fábula, que su rostro parecía haber sido cincelado en el mármol más perfecto y su cuello se veía tan suave como el marfil sin ningún defecto. Debido a su extraordinaria belleza, muchos de sus iguales eran atraídos a él pero ninguno podía llegar a comunicarse con él. Ellos se acercaban a Narciso y le daban su amor, pero él no estaba interesado en ninguno de ellos; él había hallado su interés amoroso más cerca. A la edad de dieciséis años, Narciso caminaba a lo largo de la orilla del mítico río Stix y se aproximó a un tranquilo estanque de agua para beber un poco. A medida que acercaba su cara al agua, vio su propia imagen reflejada en el estanque y se quedó paralizado. Desde ese momento en adelante, Narciso se enamoró de la imagen que vio reflejada en aquel estanque de agua en el río: su propia imagen. Debido a que estaba tan obsesionado con su propia imagen, no podía amar a nadie o corresponder al amor de nadie. Como relata la historia, Narciso finalmente no pudo soportar tener que alejarse de su imagen en el estanque. Se tumbó al lado del estanque y se quedó allí clavado hasta que al final fue absorbido por la tierra y se convirtió en una flor: el narciso, que puede encontrarse en las riberas de la mayoría de los estanques con su reflejo brillando en el agua.[1]

SALOMÓN: UN HOMBRE OBSESIONADO CON SU IMAGEN

Nunca es fácil seguir a una leyenda. Siempre que un nuevo líder tiene que afrontar la tarea de sustituir a un líder querido y exitoso, es casi siempre una posición incómoda. Eso es especialmente cierto cuando el nuevo líder resulta ser el hijo de la leyenda viva a sustituir. Tal fue el apuro de Salomón.

Por cuarenta años, David gobernó como benevolente rey y fue muy querido por su pueblo. Sus logros y su reputación eran mayores que la vida misma: héroe de guerra, extendió la nación, un rey dotado y bien parecido. Pero al igual que ocurre a todos los queridos y legendarios líderes, la antorcha finalmente debe traspasarse a la siguiente generación. Ahí entra Salomón.

La transición de Salomón a su desafiante puesto no se produjo sin problemas. Salomón ascendió al trono en medio de mucha tensión familiar. Cuando el rey David estaba en su lecho de muerte, su hijo mayor, Adonías, supuso que de manera natural él ascendería al trono y se declaró a sí mismo rey sobre Israel. Sin embargo, debido a que sabía que Salomón era el hijo favorito de su padre, no invitó a sus celebraciones inaugurales ni a Salomón, ni a Betsabé, madre de Salomón, ni al consejero de confianza de David, Natán el profeta. Al enterarse del atrevido acto de Adonías, Betsabé y Natán tramaron un plan para usurparle el trono e instalar a Salomón en su lugar. Como resultado, Salomón se convirtió en rey a instancias de su madre en medio de circunstancias poco menos que ideales, un hecho que sin duda no pasó desapercibido en el joven príncipe.

Salomón era bastante joven y sin experiencia en asuntos políticos (1 Cr. 29:1). Probablemente pueda decirse con seguridad que el artificial itinerario de Salomón hasta el trono, su juventud e inexperiencia, el legendario éxito de su padre al igual que su probable conciencia de las circunstancias de su propio nacimiento posteriores a la muerte del hijo de David y Betsabé concebido en adulterio, fueron elementos que se combinaron para darle un sentimiento de inferioridad y un poderoso empuje al joven rey para labrarse una fama propia.

Debido al legado de su padre David, Salomón siempre miraría por encima del hombro; simplemente tener éxito nunca sería suficiente para un joven rey inseguro. Hacerse famoso requeriría hacer algo grandioso. Aun con la perspectiva de construir el mayor templo (planes y preparativos que ya su padre había hecho), siempre existía la posibilidad de fracaso; o peor aún: ¿y si el pueblo atribuía la terminación del templo a los planes y preparativos de David? Cualesquiera que fuesen las razones, Salomón tramó planes para su reino a una escala de la que nunca se había oído en Israel.

> Engrandecí mis obras, edifiqué para mí casas, planté para mí viñas; me hice huertos y jardines, y planté en ellos árboles de todo fruto. Me hice estanques de aguas, para regar de ellos el bosque donde crecían los árboles. Compré siervos y siervas, y tuve siervos nacidos en casa; también tuve posesión grande de vacas y de ovejas, más que todos los que fueron antes de mí en Jerusalén. Me amontoné también plata y oro, y tesoros preciados de reyes y de provincias; me hice de cantores y cantoras, de los deleites de los hijos de los hombres, y de toda clase de instrumentos de música.
>
> ECLESIASTÉS 2:4-8

Aun leyendo superficialmente la lista de proyectos de Salomón, es fácil reconocer el enfoque de todos sus esfuerzos: ¡él mismo! Con el constante estribillo de mí, mis y mí mismo, el rey Salomón revela que está obsesionado consigo mismo y con crear una imagen que sobrepase la estela de su venerado padre: David. Parece que tuvo éxito, al menos por un tiempo. Como resultado de sus masivos y excesivos proyectos, comenzó a sentirse temporalmente satisfecho con la imagen que había creado de sí mismo.

Y fui engrandecido y aumentado más que todos los que fueron antes de mí en Jerusalén; a más de esto, conservé conmigo mi sabiduría. No negué a mis ojos ninguna cosa que desearan, ni aparté mi corazón de placer alguno, porque mi corazón gozó de todo mi trabajo; y esta fue mi parte de toda mi faena.

ECLESIASTÉS 2:9-10

Parecería que Salomón, el vacilante y joven rey que salió airoso de un turbulento comienzo, tenía algo más que simplemente una sana autoimagen; se había hecho más grande que la vida misma en su propia mente. Pero esa grandeza de talla mundial conllevaba un importante coste. Para financiar sus deseos, Salomón cobró impuestos al pueblo hasta llegar al punto del agotamiento económico. Cuando la imagen lo es todo, ningún precio es demasiado elevado, en especial cuando ese precio lo pagan los demás.

Además de la malversación de los recursos económicos nacionales, Salomón estuvo dispuesto a empañar la integridad de su puesto al quebrantar mandamientos divinos en un esfuerzo por promocionarse a sí mismo. En Deuteronomio había tres prohibiciones concretas para cualquiera que sirviera como rey sobre el pueblo de Dios: el rey no debería tener muchos caballos para sí mismo (en especial caballos de Egipto), no debería tener muchas esposas (para que ellas no hicieran que su corazón se desviase de la dedicación al Señor), y no debería incrementar la plata y el oro para sí mismo (Dt. 17:16-17). Evidentemente, la obsesión de Salomón por su propia imagen era tan intensa que quebrantó descaradamente cada una de esas prohibiciones. Sin embargo, a pesar de todo ello, Salomón no pudo hallar la satisfacción y el significado que esperaba que sus grandiosos logros produjesen. En cambio, esos logros le llevaron al zarandeo de su encuentro con el lado oscuro.

CUANDO LA IMAGEN LO ES TODO

Para el líder narcisista, como Salomón, el mundo gira alrededor del eje del ego, y todas las demás personas y asuntos orbitan cerca de él o ella al ser enredados por la intensa fuerza gravitatoria del ensimismamiento del líder narcisista. Como se ve en la vida de Salomón, los líderes narcisistas "presentan varias combinaciones de intensa ambición, grandiosas fantasías, sentimientos de inferioridad y excesiva dependencia de la admiración y la aclamación externas".[2] Al mismo tiempo, el líder ensimismado está crónicamente inseguro de sí mismo y experimenta falta de satisfacción con sus logros, lo cual intenta vencer explotando a otros de formas que ayuden a elevar su autoimagen.[3] Además, los líderes narcisistas tienen un sentido excesivamente inflado de su importancia para la organización y una necesidad exhibicionista de constante atención y admiración por parte de los demás, en especial de aquellos a quienes dirigen y de cualquier persona o grupo ante quienes respondan. A pesar de su empuje por alcanzar la grandeza, su implacable ambición rara vez se ve satisfecha de manera que los capacite para disfrutar de sus logros. Otra característica es su "explotación interpersonal, en la cual se aprovechan de otras personas a fin de satisfacer [sus] propios deseos de autobombo".[4] Salomón demostró este tipo de comportamiento por medio de aplicar impuestos demasiado altos al pueblo en un esfuerzo por financiar sus proyectos para su propia promoción.

Los líderes narcisistas también tienden a sobrestimar sus propios logros y capacidades a la vez que tercamente se niegan a reconocer la calidad y el valor de los mismos en otras personas. Cualquier reconocimiento de los logros o capacidades de alguna otra persona constituye una amenaza para su propia importancia y pone en riesgo la pérdida de la exclusiva admiración que ellos anhelan de sus seguidores. Debido a que los líderes narcisistas tienden a utilizar a otros para hacer avanzar sus propias metas, tienen fama de ser incapaces de identificarse con aquellos a quienes dirigen. Esto les hace capaces de perseguir sus propios fines sin restricción. Aunque el narcisismo parece estar diametralmente opuesto al concepto de liderazgo espiritual y de siervo, es demasiado común en la Iglesia y entre el liderazgo espiritual.

LÍDERES ESPIRITUALES NARCISISTAS

¿Cómo entonces aparecen líderes narcisistas en la Iglesia y en organizaciones cristianas? Aunque puede que no sea a la misma escala que Salomón, los líderes cristianos a menudo utilizan a quienes dirigen para realzar su propia imagen y mejorar la manera de sentirse consigo mismos. Se predican demasiados sermones en un esfuerzo por obtener la aprobación y admiración de los seguidores, con poco o ningún interés por la aprobación de Dios. El pastor u orador que se baja de la plataforma y de inmediato está obsesionado por si su sermón fue bueno está tratando un primer síntoma de narcisismo.

Jim Bakker parece haber sido una clásica víctima de un desorden de personalidad narcisista.[5] Sus visiones de grandeza nacieron de profundos sentimientos de inferioridad y de incapacidad; él estaba impulsado hacia el logro en un esfuerzo por demostrarse a sí mismo y a los demás que era digno y aprobado. Su necesidad psicológica de alcanzar la grandeza estaba tan profundamente arraigada que él no se detenía virtualmente ante nada en un esfuerzo por obtener la aprobación y el reconocimiento que tanto anhelaba.

Numerosas iglesias han sido destruidas por líderes que dirigieron a esas iglesias a emprender proyectos demasiado enérgicos y costosos para la congregación porque el líder necesitaba sentirse bien consigo mismo. Qué fácil es para los líderes cristianos utilizar sus organizaciones como nada más que plataformas desde las cuales se lanzan a sí mismos a su carrera con poca o ninguna consideración por la salud a largo plazo de la organización que se les confió dirigir.

Cuando un pastor o ejecutivo cristiano se dice a sí mismo: *Esta iglesia (u organización) sufriría si yo alguna vez me voy*, es un signo de narcisismo. Cuando el líder está constantemente comenzando nuevos ministerios aun cuando hay ministerios existentes y esenciales que no tienen el personal adecuado o no son eficaces, es un signo de narcisismo. En lugar de asegurarse de que los ministerios que ya existen funcionen eficazmente, el líder narcisista necesita el prestigio que proviene de ministerios nuevos y únicos. Sin embargo, una vez que el "entusiasmo" del lanzamiento de un nuevo ministerio se ha ido, el líder narcisista proporciona muy poca supervisión o mantenimiento a largo plazo.

Debido a que el ministerio proporciona la fácil justificación de que son necesarias grandiosas visiones y aventuras arriesgadas para llevar a cabo la obra del Reino de Dios, la Iglesia y las organizaciones cristianas proporcionan un terreno fértil para que brote el narcisismo. Trágicamente, debido a que muchos seguidores del líder narcisista piensan que toda esa actividad se hace para Dios, se sienten incómodos al desafiar a su líder.

PUNTOS CLAVE

- Una manifestación del lado oscuro es el desarrollo del líder narcisista. Salomón es un ejemplo que se encuentra en la Biblia.
- Algunos signos de ser líder narcisista incluyen los siguientes. Los líderes narcisistas son empujados al éxito por una necesidad de admiración y aclamación. Puede que tengan un sentido de importancia demasiado inflado al igual que grandes ambiciones y grandiosas fantasías.
- En el corazón de los líderes narcisistas están el ensimismamiento y la inseguridad debido a profundos sentimientos de inferioridad. Además, puede que no disfruten de su éxito y no estén satisfechos de sus vidas.

APLICACIÓN PERSONAL

¿Cómo sabe usted si es narcisista cuando se trata del ejercicio del liderazgo? Es probable que quienes batallen con estos asuntos sean incómodamente conscientes de ellos a medida que lean este capítulo. Sin embargo, uno de los rasgos de los líderes narcisistas es que viven en un estado de constante negación y autojustificación. Por lo tanto, el siguiente inventario puede ser útil.

5 = fuertemente de acuerdo
4 = de acuerdo
3 = inseguro
2 = en desacuerdo
1 = fuertemente en desacuerdo

1. Compañeros líderes en mi iglesia u organización cuestionan frecuentemente si las metas y proyectos que yo propongo son viables y realistas. 1 2 3 4 5

2. Estoy obsesionado con saber cómo se sienten otros con mis sermones, lecciones y rendimiento. 1 2 3 4 5

3. Me es difícil recibir crítica de cualquier tipo, y reacciono con ira, ansiedad y hasta depresión cuando se produce. 1 2 3 4 5

4. A veces me encuentro pensando: *Se lo demostraré; ellos nunca podrían lograrlo sin mí*, cuando experimento situaciones de conflicto u oposición a mis planes. 1 2 3 4 5

5. A pesar de lograr lo que otros considerarían un éxito importante, yo sigo estando insatisfecho y motivado a lograr mayores cosas en un esfuerzo por sentirme bien conmigo mismo. 1 2 3 4 5

6. Estoy dispuesto a torcer normas y llegar al extremo del comportamiento aceptable para lograr mis metas. 1 2 3 4 5

7. Me encuentro sintiéndome celoso del éxito y los logros de asociados, otras iglesias u organizaciones en mi área.   1 2 3 4 5

8. A menudo no soy consciente o no tengo interés en las presiones económicas que mis metas y proyectos ejercen en quienes dirijo o en la iglesia u organización a la que sirvo.   1 2 3 4 5

9. El éxito o el fracaso en un proyecto tiene relación directa en mi autoimagen y sentido de dignidad.   1 2 3 4 5

10. Soy muy consciente del modo en que colegas y aquellos ante quienes soy responsable consideran mis logros.   1 2 3 4 5

11. Necesito ser reconocido o estar "en lo alto" cuando me reúno con un grupo de colegas pastores, oficiales de la denominación u asociados.   1 2 3 4 5

12. Me veo a mí mismo como una figura conocida nacionalmente en algún momento en el futuro o tengo planes de alcanzar una posición similar.   1 2 3 4 5

Sume todos los números que ha puesto en círculos y escriba el total aquí:

_____

Si la suma total es de menos de 20, es probable que no sea usted narcisista. Si su total está entre 21 y 40, existe la posibilidad de que tenga usted *algunas* tendencias narcisistas. Si su total es de 41 o más, probablemente sea usted un líder narcisista.

¿Ve los rasgos de un líder narcisista en usted mismo? ¿De qué maneras refleja este tipo de líder el lado oscuro de usted?

9

EL LÍDER
PARANOICO

Es probable que la historia no sea amable con Richard M. Nixon. Aunque él era un hombre de increíble inteligencia, resistencia y determinación, su liderazgo fue saboteado por su propio e insidioso lado oscuro. Ninguna cantidad de agudeza política o inteligencia en las relaciones internacionales pudo vencer la poderosa influencia del trágico lado oscuro de su líder.

Richard Nixon fue un hombre controlado por una aguda paranoia. Era muy desconfiado de los demás —hasta de los propios miembros de su personal— y estaba obsesionado con recopilar información sobre enemigos detectados que pudiera utilizarse para preparar contraataques contra cualquiera y todos los adversarios. Aun al enfrentarse a una obvia maldad, Nixon se negó a admitir ningún fracaso o a aceptar ninguna culpabilidad. Él era un maestro de la negación. Si hubiera aprendido sobre su lado oscuro y hubiera sido consciente de la forma que había adoptado, seguramente podría haber evitado la humillación del Watergate y posiblemente haber conservado la presidencia. En cambio, se convirtió en una de las víctimas del lado oscuro más destacadas del siglo. Richard Nixon fue simplemente un eslabón en una antiquísima cadena de líderes paranoicos que se han destruido a sí mismos.

SAÚL: UN HOMBRE PRISIONERO DE LA SOSPECHA

Cuando Saúl hizo su entrada en la escena del liderazgo nacional estaba equipado para el éxito. Era atractivo y excepcionalmente dotado; fue designado por Dios, que de modo sobrenatural le cambió a fin de que pudiera ser un líder eficaz.

> Entonces el Espíritu de Jehová vendrá sobre ti con poder, y profetizarás con ellos, y serás mudado en otro hombre... Aconteció luego, que al volver él la espalda para apartarse de Samuel, le mudó Dios su corazón.
>
> 1 SAMUEL 10:6, 9

Donde dice que Dios cambió el corazón de Saúl en el versículo 9, el hebreo dice literalmente que Dios sustituyó su corazón por otro corazón, un corazón que le haría capaz de dirigir a la nación. Todo eso fue bastante sorprendente para Saúl, ya que él poseía un concepto muy bajo de sí mismo y de la familia de la cual provenía. Ese sentido de inseguridad personal y baja autoestima es evidente en 1 Samuel 15:17 cuando Samuel reprende a Saúl diciendo: "Aunque eras pequeño en tus propios ojos, ¿no has sido hecho jefe de las tribus de Israel, y Jehová te ha ungido por rey sobre Israel?". La idea de servir como rey de Israel era, sin duda alguna, extraña para el futuro que Saúl había planeado para sí mismo; sin embargo, Saúl debía ser un instrumento de servicio en las manos de Dios.

Cuando Saúl fue públicamente investido rey, hubo unas cuantas personas que dudaron de que aquel "don nadie" pudiera liberar a la nación (1 Samuel 10:27). Aunque Saúl era consciente del pesimismo de ellos, no se defendió a sí mismo o respondió a sus detractores. Desgraciadamente, aquella sería la última ocasión en que Saúl adoptase una perspectiva madura hacia sus oponentes, ya fueran reales o imaginarios.

El principal servicio que Dios había planeado para Saúl fue la liberación de Israel de la opresión de los filisteos. Inicialmente Saúl empezó a dominar a los filisteos, pero no pasó mucho tiempo hasta que el lado oscuro de Saúl comenzase a trastornar su liderazgo y los planes que Dios tenía para él.

Siempre hay parámetros y restricciones en el liderazgo. Ningún líder, incluyendo a Saúl, tiene carta blanca. Una de las restricciones sobre la realeza israelita era no usurpar nunca el papel del sacerdote. Antes de una importante batalla, mientras Saúl esperaba a que llegase el sacerdote Samuel e hiciese los sacrificios correspondientes, el pueblo se impacientó y comenzó a desperdigarse. Saúl estaba tan preocupado por aquel motín en potencia que decidió realizar él mismo el sacrificio sacerdotal. Momentos después de que Saúl hubiese hecho el sacrificio, lo cual él sabía que estaba estrictamente prohibido, Samuel llegó a la escena y confrontó a Saúl con su obvia desobediencia a la ley de Dios. Saúl justificó sus actos como necesarios y se negó a admitir haber hecho ninguna maldad (1 S. 13:11-13). Aquel demostraría ser el primer paso en el camino de la autodestrucción para el rey Saúl.

Poco después de esa caída, Samuel anunció que Dios había escogido quitar el manto de liderazgo de Saúl y ya había elegido a un nuevo rey, que saldría a la luz en el futuro. Desde aquel momento, el liderazgo de Saúl estuvo estropeado por la sospecha, la desconfianza de quienes lo rodeaban incluyendo a los miembros de su familia, los intentos de obligar a la lealtad y hasta el espionaje. Un episodio particularmente extraño se produjo en una ocasión en que el rey Saúl prohibió comer a su pueblo hasta que él se hubiese vengado con éxito de sus enemigos (1 S. 14:24-30). De hecho, Saúl dijo que cualquiera que comiese antes de que él lo autorizase sería maldito. Fue una medida extrema nacida de una grave paranoia y una profunda desconfianza. Como respuesta al mandato de su padre, Jonatán dijo: "Mi padre ha turbado el país". Confundiendo el plan de Saúl se produjo el hecho de que Jonatán, no sabiendo de la prohibición, fue el primero que quebrantó el mandato del rey. Al interpretar los actos de su hijo como traición, Saúl intentó ejecutar a Jonatán por su delito. En la providencia de Dios, el pueblo rescató a Jonatán de su padre (1 S. 14: 31.45). Después de aquello Saúl comenzó un rápido descenso a las profundidades de la paranoia obsesiva.

Después de otro fracaso más, cuando Saúl no fue capaz de destruir por completo a Amalec y se negó a reconocer cualquier desobediencia, un joven pastor de ovejas llamado David comenzó a complicar aún más la vida de Saúl.

Después de haber reinado ya mucho tiempo como rey, Saúl aún no había logrado su principal tarea asignada divinamente de liberar a Israel de los filisteos. Israel seguía siendo insultado por el gigante filisteo: Goliat. David, el pastor adolescente, al instante se ganó los corazones de los israelitas cuando dio un paso adelante y con una piedra lisa destruyó al gigante enemigo.

Cuando Saúl viajó por el país después de la muerte de Goliat, oyó a las mujeres cantar por las calles: "Saúl hirió a sus miles, y David a sus diez miles" (1 S. 18:7). Desde entonces Saúl sospechó que David intentaba robarle su trono. Saúl dijo: "A David dieron diez miles, y a mí miles; no le falta más que el reino" (1 S. 18:8).

Saúl tuvo temor de la popularidad de David entre el pueblo. Ahí estaba un rey, designado por Dios mismo y dotado de manera sobrenatural para la tarea y, sin embargo, celoso y desconfiado de un pastor adolescente y sin experiencia. Saúl intentó matar a David en numerosas ocasiones. Cuando el asesinato no funcionó, Saúl intentó comprar la lealtad de David dándole a su hija mayor en matrimonio. A pesar de lo que intentase, Saúl no pudo desechar sus irracionales temores y desconfianzas. Por consiguiente, se implicó en mayores actos de engaño y espionaje en un esfuerzo por echar a David del reino. Finalmente, las neuróticas actividades de Saúl condujeron a su propio colapso y trágica caída. Tal es el destino del líder paranoico.

TEMOR A SU PROPIA SOMBRA

Al igual que el desconfiado rey Saúl, los líderes paranoicos están desesperadamente atemorizados de cualquier persona o cosa, ya sean reales o imaginarias, que ellos perciban que tiene aun la más remota posibilidad de minar su liderazgo y robarles la atención. Son característicamente desconfiados, hostiles y cautelosos en sus relaciones con otras personas, aun con los íntimos asociados y miembros de su familia.[1] Al igual que Saúl, los líderes paranoicos son hipersensibles a los actos y las reacciones de aquellos a quienes dirigen, siempre con temor a una potencial rebelión. Debido a que están profundamente inseguros de sus propias capacidades, los líderes paranoicos son celosos patológicos de otras personas con dones.

Al igual que Richard Nixon, los líderes paranoicos utilizan las maniobras clandestinas y el espionaje para mantenerse asidos con firmeza al liderazgo. Muchas veces eso adopta la forma de alianzas y redes secretas con quienes pueden ser fácilmente manipulados e impresionados por la posición y el poder del líder. Cualquiera que sea considerado una amenaza muchas veces se encuentra a sí mismo enredado en una red de información y rumor erróneos tejida por el líder paranoico y su red de espías y partidarios.

Los líderes paranoicos pueden reaccionar de modo exagerado hasta a las formas más ligeras de crítica. Eso se debe a que la crítica de los seguidores y los colegas se considera muchas veces un intento de derrocarlos o disminuir su poder. Además, los líderes paranoicos están constantemente atribuyendo significados y motivos subversivos hasta al más inocente de los actos de otros en la organización.[2]

Debido a sus sospechas, los líderes paranoicos a menudo crearán estructuras rígidas y sistemas de control dentro de su organización que les permitan tener su dedo puesto en cada pedazo del pastel de la organización y limitar la autonomía de los subordinados y asociados. Excesivas reuniones e informes de personal muchas veces son el resultado de esta necesidad de mantener una cercana vigilancia de quienes les rodean. Desgraciadamente, los Saúles contemporáneos están esparcidos por todas las filas del liderazgo espiritual.

LÍDERES ESPIRITUALES PARANOICOS

Hoy día es común oír a un pastor decir bromeando: "Yo nunca permitiría que mi Junta se reuniese sin que yo esté allí". Más veces de las que muchos líderes espirituales llegarían a admitir, eso no es una broma. Para algunos pastores, su principal adversario es la Junta administrativa que, irónicamente, debe ser su principal asociado en el cuidado del rebaño de Dios. Pero de alguna manera, muchas veces como resultado de la propia inseguridad del pastor, se desarrolla una relación de enfrentamiento. Para ser justos, ese temor no siempre está libre de motivos. Qué pastor no ha oído historias acerca de la Junta que convoca una reunión especial mientras el pastor está de vacaciones: cuando el pastor regresa de su descanso de verano, se encuentra sobre su escritorio una notificación de despido. Ambos tenemos amigos a quienes les han hecho precisamente eso. En una ocasión eso ocurrió después de un año más que inestable en una iglesia rural donde las relaciones eran demasiado cercanas y no había barreras personales. Pero el que un pastor inocente y confiado sea echado de ese modo es la excepción.

Es mucho más común en el ministerio eclesial el pastor principal que se niega a permitir que un pastor asociado predique por temor a que a la congregación le guste la predicación del asociado más que la suya propia. Otras veces, cuando a un asociado se le permite predicar y él o ella reciben la aprobación de la congregación, unos sutiles celos se apoderan del pastor principal y este comienza a tomar medidas para limitar los elogios que ese asociado recibe, normalmente limitando su participación pública. Y cuando un pastor paranoico entra en la sala de juntas y ve aunque sea a uno de los miembros de la Junta que parezca estar enojado o frustrado, de inmediato se preocupa de que ese enojo o frustración estén dirigidos hacia él.

Otra lucha para los líderes paranoicos es la dificultad en el desarrollo y el mantenimiento de relaciones cercanas con miembros de su iglesia u organización. Las relaciones cercanas son difíciles porque requieren cierta medida de vulnerabilidad y transparencia, y ellos se preocupan de que eso pudiera utilizarse contra ellos en algún punto para minar su liderazgo. Tales líderes creen que es mejor mantener una distancia de seguridad de la gente aun cuando eso signifique que se les considere distantes y despreocupados. Para el pastor paranoico, la posibilidad de que le echen de su puesto no merece la pena el riesgo inherente en las relaciones íntimas y responsables.

PUNTOS CLAVE

- Una manifestación del lado oscuro es el desarrollo del líder paranoico. Saúl es un ejemplo que se encuentra en la Biblia.
- Algunos signos de un líder paranoico incluyen los siguientes. Los líderes paranoicos son suspicaces, hostiles, temerosos y celosos. Por temor a que alguien mine su liderazgo, son hipersensibles a los actos de los demás, atribuyen un significado subjetivo a los motivos y crean estructuras rígidas para tener control.
- En el corazón del líder paranoico hay fuertes sentimientos de inseguridad y una falta de confianza.

APLICACIÓN PERSONAL

Después de leer este capítulo, ¿se pregunta usted si es un líder paranoico? Si es así, el siguiente inventario puede proporcionarle algunos puntos de vista.

Lea cada frase y haga un círculo en el número que más se corresponda con las impresiones que tiene sobre usted mismo.

5 = fuertemente de acuerdo
4 = de acuerdo
3 = inseguro
2 = en desacuerdo
1 = fuertemente en desacuerdo

1. Cuando veo a dos líderes clave hablar discretamente en el vestíbulo de la iglesia, me preocupo de que puedan estar hablando de mí.   1 2 3 4 5

2. Realmente me molesta pensar sobre las reuniones de la Junta de mi iglesia sin que yo esté presente. 1 2 3 4 5

3. Cuando un asociado recibe reseñas entusiastas
   por un sermón o algún ministerio especial, yo
   experimento intensos sentimientos de celos en
   lugar de gozo por el éxito y el reconocimiento
   que él o ella reciben.   1 2 3 4 5

4. Requiero que los subordinados y asociados me
   entreguen informes detallados de sus actividades. 1 2 3 4 5

5. Lucho cuando los miembros de la iglesia le piden
   a un asociado, en lugar de a mí, que celebre
   servicios como bodas o funerales.   1 2 3 4 5

6. Tengo pocas relaciones cercanas o importantes
   dentro de mi iglesia u organización, y me
   encuentro a mí mismo evitando tales relaciones. 1 2 3 4 5

7. Insisto en la absoluta lealtad de quienes trabajan
   para mí y prohíbo que el personal me critique de
   ninguna manera.   1 2 3 4 5

8. Muchas veces me preocupo de que haya una
   facción importante dentro de mi organización
   a quienes les gustaría que yo me fuese.   1 2 3 4 5

9. He investigado a las personas acerca de lo que saben
   o por una información especial que puedan tener
   relacionada con ciertos líderes en mi organización. 1 2 3 4 5

10. Aquellos con quienes trabajo a menudo se quejan
    por mi falta de un sano sentido del humor.   1 2 3 4 5

11. De modo rutinario me refiero a aquellos a quienes
    dirijo como "mi gente", "mi Junta" o "mi iglesia"
    a lavez que me molesta cuando la misma
    designación la pronuncia un asociado.   1 2 3 4 5

12. Tiendo a tomarme en serio hasta los comentarios
    y bromas más ligeros que se dirigen a mí.   1 2 3 4 5

Sume todos los números que ha puesto en círculos y escriba el total aquí:

_____

Si la suma total es de menos de 20, es probable que no sea usted paranoico. Si su total está entre 21 y 40, existe la posibilidad de que tenga usted *algunas* tendencias paranoicas. Si su total es de 41 o más, probablemente sea usted un líder paranoico.

¿Ve los rasgos de un líder paranoico en usted mismo? ¿De qué maneras refleja este tipo de líder el lado oscuro de usted?

10

EL LÍDER
CODEPENDIENTE

Al igual que les ocurre a demasiados niños, William Jefferson Blythe se crió en el hogar de un padre alcohólico. El ambiente de su niñez estaba caracterizado por la inestabilidad y el caos. Cuando vino al mundo, Billy Blythe no tenía ya padre. Tres meses antes de que él naciera, su padre murió en un autoaccidente cuando viajaba para recoger a su esposa embarazada y llevarla a su nueva casa en Forest Park, Illinois. Poco tiempo después del nacimiento de Billy, sin un esposo que los sostuviera a ella y a su hijo recién nacido, su madre le dejó con sus abuelos mientras ella vivía en Nueva Orleáns para conseguir un título como enfermera con la esperanza de mejorar sus probabilidades de éxito para criar a su hijo. Durante los años de su formación como enfermera, Billy estuvo separado de su madre hasta los tres años de edad. Uno de sus primeros recuerdos, como diría Billy décadas después, era "visitar a su madre en Nueva Orleáns, luego regresar en el tren con la mama (su abuela materna) y mirar por la ventana y ver a su madre arrodillada y llorando a la vez que le decía adiós con la mano".[1] Fue una experiencia muy traumática para un muchachito de uno o dos años de edad.

Cuando la madre de Billy, Virginia, regresó a su hogar después de sus años en Nueva Orleáns, rápidamente y de modo apresurado se casó con un hombre del que con anterioridad se había dicho que abusaba de su esposa y que se llamaba Roger Clinton, que también era conocido por beber mucho, por el juego y por el flirteo. De hecho, en una ocasión antes de que se casaran, Virginia agarró a Robert engañándola, pero decidió casarse con él de todos modos, lo cual desagradó mucho a su familia.[2] Fue un matrimonio disfuncional que estaba dando forma a un futuro presidente de los Estados Unidos.

Cuando llegó al primer grado, Bill Clinton ya había sido expuesto a una importante violencia familiar.

Una noche Virginia vistió bien a Billy para llevarlo al hospital en Hope para visitar a su abuela materna, que se estaba muriendo. Roger no quería que ellos se fuesen. Cuando ella dijo que de todos modos se iba, él sacó una pistola y disparó un tiro a la pared por encima de la cabeza de ella. Virginia cruzó la calle y desde la casa de los Taylor llamó a la policía. Billy durmió en la casa de los vecinos.[3]

Ese episodio fue solamente el comienzo. El joven Billy pasó muchas noches despierto en la cama escuchando las peleas de sus padres. El alcoholismo de su padrastro y la violencia que producía continuaron creciendo en una espiral fuera de control hasta que Bill, que entonces tenía dieciséis años, y su madre finalmente abandonaron a Roger Clinton en el año 1962. Los subsiguientes procedimientos de divorcio fueron extremadamente difíciles, y a Bill Clinton se le llamó a testificar contra su padrastro. Como el hijo mayor de la familia, los años de caos y violencia causaron un profundo efecto emocional en el futuro presidente.

El hijo mayor parecía emocionalmente alterado, no por las amenazas físicas de su padrastro —él era más alto que el hombre— sino por la responsabilidad que el desorden familiar situaba sobre él. Había llegado a entender que si la violencia y el abuso iban a finalizar, tendría que ser él quien los detuviese. Era un adolescente situado en la posición de revertir los papeles, y por eso, como diría él más tarde, "yo era el padre".[4]

Debido al desorden y el caos dentro de la familia, un adolescente Bill Clinton tomó la responsabilidad de rescatar su agitada familia. Él se convirtió en el héroe de la familia. En el papel de héroe familiar, a Bill se le eximió de los problemas familiares y se le "envió al mundo para destacar y regresar con elogios y recompensas que harían que toda la unidad familiar se sintiese digna".[5] Durante sus años de instituto, Bill Clinton no defraudó a la familia. Fue un hijo y estudiante excepcional.

A pesar del éxito de Bill, el hogar de los Clinton estaba constantemente desequilibrado, tambaleándose con frecuencia sobre el mismo precipicio del completo desastre. Bill, sin embargo, estaba decidido a evitar que la familia experimentase un golpe irreparable. Sus logros tan grandes eran un modo de equilibrar la irresponsabilidad y los pocos logros de su padre alcohólico y de llevar estabilidad al hogar.

Como ocurre con la mayoría de las familias disfuncionales, los Clinton se habían convertido en maestros de la negación. Aprendieron a suprimir los episodios que pudieran ser una fuente de dolor. La familia también guardaba un rígido conjunto de normas, aunque eran normas silenciosas y no escritas, que mantenían una tapa puesta sobre los secretos familiares. Hablar abiertamente del dolor y el caos que se producían en el hogar mancharía la ilusión de amabilidad que ellos intentaban desesperadamente proyectar a los amigos y vecinos. Como resultado, a Bill nunca se le dio una válvula de escape para las dolorosas y confusas emociones que sin ninguna duda sentía. En efecto, la familia fue obligada a vivir una mentira y a negar cualquier acusación de anormalidad familiar. Esa negación es obvia cuando el presidente describe su niñez:

> En general, yo fui un niño bastante feliz. Tuve una niñez normal; tuve una vida normal. Pero a veces era realmente difícil. Tuve que aprender a vivir con el lado más oscuro de la vida en un periodo bastante temprano. Pero yo no diría que fue una niñez atormentada. Tuve una buena vida.[6]

Un terapeuta evaluó los recuerdos de la niñez del presidente:

> Esta percepción del yo indica la negación profundamente arraiga-
> da que Clinton tiene de su experiencia juvenil... Pero uno debe
> comprender su nivel bien establecido de negación cuando él des-
> cribe una niñez de repetidos episodios de abandono —alcoholismo
> del padre; matrimonio de su madre; divorcio; nuevo matrimonio;
> la muerte de su padrastro; violencia dirigida a su madre, a su her-
> mano y a él mismo; y disparos realizados en su hogar— como una
> vida normal. Una verdadera descripción de la niñez de Clinton
> sería: caótica y extremadamente anormal.[7]

En su papel cada vez más en aumento como héroe de la familia, Bill Clinton desarrolló una grave necesidad de agradar a otros y hacerlos felices. Esta necesidad le capacitó para adquirir la habilidad de justificar muchos comportamientos que de otro modo hubieran sido cuestionables. Él sentía que era necesario hacer eso para mantener en equilibrio a la fracturada familia.

Todos esos mecanismos para poder arreglárselas tan vitales para su niñez se convirtieron en una parte profundamente arraigada de la personalidad y el comportamiento de Bill Clinton como adulto y más tarde como presidente. Bill Clinton es lo que ha sido catalogado por la comunidad psicológica como un codependiente, y su codependencia ha causado un potente impacto en su vida y en su presidencia. Ese patrón de comportamiento ha conducido a la mentira flagrante en cuanto a sus aventuras extramatrimoniales, su servicio militar y el uso de drogas, y ha dado lugar a la constante utilización de la negación en un esfuerzo por defenderse a sí mismo contra preguntas referentes a esos asuntos.[8] Su necesidad de agradar a los demás condujo a lo que el vicepresidente Dan Quayle citó durante la elección presidencial de 1990 como "dar sombra a la verdad" y "hacer un Clinton". El psicólogo Paul Fick afirma que "la crianza de Clinton le enseñó a mentir automáticamente, sin ninguna culpabilidad, y a presentar excusas de manera espontánea. Sin embargo, Clinton ya no está tratando con amiguitos de escuela".[9]

Como presidente, Bill Clinton cambiaba virtualmente en todos los asuntos, diciendo lo que creía que ciertos grupos de interés querían oír en un momento solamente para cambiar su punto de vista después cuando tenía que enfrentarse a algún grupo que mantuviera un punto de vista opuesto. Es muy probable que el presidente ni siquiera reconociese eso como comportamiento problemático; mantenía aplacadas a facciones opuestas. Sin embargo, esos comportamientos, producidos por su problemática niñez, al igual que otros de los que no hablamos aquí, han mutilado su liderazgo. Bill Clinton teme desagradar a alguien y ese temor le ha situado en algunas situaciones insostenibles. Solamente en los dos primeros años de su presidencia fue acusado de mala conducta sexual y tuvo que afrontar el escándalo de la oficina de viajes de la Casa Blanca, el asunto Whitewater (que sigue bajo investigación), la trágica muerte de un íntimo asociado bajo circunstancias cuestionables, y también la destitución de numerosos oficiales y personal de su gabinete de alto nivel. Todos esos episodios están relacionados de una forma u otra con la grave codependencia del presidente.[10]

SANSÓN: UN HOMBRE CON UNA NECESIDAD DE AGRADAR

Sansón se crió en un ambiente extremadamente restrictivo con un secreto que no podía compartir con nadie: no podía cortarse el cabello nunca. Debido a que era nazareo, Sansón estaba sujeto a inusuales normas estrictas de comportamiento; además de no poder cortarse nunca el cabello, se le prohibía beber ninguna bebida fermentada, no podía comer uvas en ninguna forma, tenía otros requisitos alimenticios concretos y estaba limitado a casarse dentro de su pueblo.[11] El voto nazareo conllevaba un estilo de vida rígido y separatista. Aunque el voto normalmente era voluntario y se hacía por alegría y un deseo de ser apartado solamente para Dios, ese no fue exactamente el caso para Sansón. Se les profetizó a sus padres que su hijo sería nazareo desde su nacimiento (Jue. 13:5). De esta manera, desde el momento en que nació se esperaba que él cumpliese el voto de un nazareo, y si lo quebrantaba era por su propia cuenta y riesgo. La razón de esa separación para Dios era a fin de que Dios pudiese usar a Sansón como su instrumento de liberación para Israel de la opresión de los filisteos. Todo ello era una carga muy pesada bajo la cual él tuvo que vivir, y un ambiente muy acertado para el desarrollo de la codependencia.

Sansón lo pasó mal para cumplir con todas esas expectativas desde el comienzo. Uno de sus primeros actos de rebelión fue comer miel que encontró en un animal muerto, un acto que le hizo ser impuro. Él recogió parte de la miel para dársela a sus padres, que también eran nazareos, pero se negó a contarles cuál era su procedencia, posiblemente por temor a la respuesta de ellos: un clásico comportamiento de codependencia.

El problema de Sansón en el liderazgo fue el que él mismo creó. Continuamente tenía un comportamiento que era autodestructivo, otro rasgo de la codependencia. Aunque él sabía que no debía hacerlo, tuvo aventuras con tres mujeres filisteas diferentes, que lo atormentaron y condujeron a su caída final: la mujer de Timnat que tomó como esposa, la prostituta en Gaza y Dalila (Jue. 14:1-4; 16:1-20). Un comentarista bíblico dice:

> A pesar de su gran fuerza [de Sansón], él no era lo bastante fuerte para controlar sus propios impulsos. Fue incapaz de aguantar la seducción de Dalila; y aun cuando se hizo obvio que ella le estaba poniendo una trampa, él siguió sucumbiendo a sus tentaciones y se metió en ella con los ojos bien abiertos.[12]

Como dijimos anteriormente, cualquier intento de evaluar la personalidad de un personaje de la Biblia utilizando definiciones y diagnósticos contemporáneos implica algo de conjetura. Sin embargo, basados en el comportamiento que vemos en la Escritura, parecería seguro decir que Sansón fue un líder que luchó con lo que hoy conocemos como codependencia. Sansón tenía una profunda necesidad de agradar a los demás, y era muy difícil para él defraudar a alguien. De hecho, era casi imposible para él decir no aun cuando decir sí fuera en contra de sus intereses y fuera finalmente autodestructivo. También vemos en Sansón una tendencia a ser un reactor, reaccionando frecuentemente a los actos de los filisteos, tal como su intento de venganza al quemar los campos filisteos (Jue. 15:1-8). Es importante que comprendamos que aun personas divinamente designadas y dotadas por Dios, tales como Sansón, no son inmunes a la sutil obra interior del lado oscuro.

MANTENER LA PAZ Y ALIVIAR EL DOLOR

Las fuerzas de la codependencia son poderosas. A diferencia de los anteriores tipos de líderes que hemos identificado (compulsivo, narcisista y paranoico), la codependencia no encaja en ninguna categoría de reconocidos desórdenes de personalidad. En cambio, es más un rasgo o comportamiento genérico que puede encontrarse en muchos desórdenes distintos de personalidad. No hay una definición ampliamente aceptada de la codependencia. Al igual que los hombres ciegos y el elefante del proverbio, la definición de codependencia a menudo toma forma de la persona que la está describiendo. Sin embargo, hay una definición que parece ser lo bastante amplia para abarcar muchos aspectos distintos de la codependencia:

> Una enfermedad emocional, psicológica y de comportamiento que se desarrolla como resultado de la prolongada exposición de un individuo a un conjunto de reglas opresivas y la práctica de ellas; reglas que evitan la expresión abierta de los sentimientos al igual que la discusión directa de problemas personales e interpersonales.[13]

Aunque la codependencia muchas veces se asocia a las personas que viven con otras que son compulsivamente dependientes de algo (como alcohol, drogas, comida, pornografía, etc.), otro importante aspecto de la codependencia es el sistema social que se desarrolla alrededor de esos tipos de relaciones. La familia codependiente se adapta de distintas maneras para equilibrar el comportamiento socialmente inaceptable y vergonzoso de la persona dependiente. Eso muchas veces implica el desarrollo de estrictas reglas —normalmente no expresadas pero claramente comprendidas— que dictan cómo debe comportarse la familia y que gobiernan cómo se le permite a la persona codependiente comunicarse en público. Esos comportamientos exigen encubrir el comportamiento de la persona dependiente y limitar que la persona codependiente exprese plena y sinceramente sus verdaderas emociones, o que el problema se hable con alguna otra persona. Eso da como resultado la represión emocional que crea un gran estrés para la persona codependiente.

Es interesante que la anterior definición tenga implicaciones singulares para quienes han sido criados en ambientes religiosos muy rígidos y opresivos. Aunque puede que no haya ninguna persona compulsivamente codependiente en ese ambiente, aun así quienes han sido educados en tales hogares experimentan muchas de esas mismas dinámicas. Existen reglas no expresadas ni escritas que gobiernan lo que es aceptable expresar y lo que no. Por ejemplo, las admisiones de luchas no espirituales o "carnales" (como con la lujuria, la duda o el temor) no son aceptables. Grupos religiosos muy estrictos someten a sus seguidores a normas muy estrictas e irrealistas que son imposibles de cumplir de modo coherente, dando como resultado un constante sentido de fracaso y culpabilidad. De este modo, los miembros son incapaces de expresar abiertamente sus sentimientos o de compartir problemas personales con otros, y con frecuencia desarrollan comportamientos codependientes como resultado.

Otro aspecto de la codependencia es la tendencia a reaccionar en lugar de iniciar la acción. Quienes son codependientes reaccionan al comportamiento de la persona dependiente.[14] Reaccionan al dolor, los problemas y los comportamientos de otros en un esfuerzo por equilibrar el sistema familiar, encubrir los problemas familiares y mantener la paz en sus relaciones.

Los codependientes asumen responsabilidad personal de los actos y las emociones de otros, a menudo culpándose a sí mismos por el comportamiento inapropiado de otros, y generalmente tienen una alta tolerancia para el comportamiento extraño de los demás.

Llegarán casi hasta cualquier extremo para evitar herir los sentimientos de otra persona aun si eso significa que se hieran a sí mismos en el proceso. Para evitar la confrontación a toda costa, a menudo actúan como pacificadores entre partes hostiles. Quienes son codependientes parecen ser extremadamente benevolentes, siempre dispuestos a realizar una tarea más, aun hasta el punto de estar desbordados, porque decir no podría herir los sentimientos de alguien. Como resultado, se convierten en depósitos de ira y frustración reprimidas.

Un escenario típico implicaría a alguien que le pide a una persona codependiente que se haga cargo de un nuevo proyecto. Aunque la persona codependiente no quiere aceptar la adicional responsabilidad, él o ella lo hacen a fin de evitar herir los sentimientos de la persona que se lo pidió. Entonces, después de aceptar la nueva responsabilidad, la persona codependiente puede que se enoje y diga: "No puedo creer que me lo pidiese; ¡ya sabe que estoy desbordado! ¿Qué le pasa?". En realidad, la sencilla solución al problema de la persona codependiente habría sido un educado pero firme: "no, gracias".

Las personas codependientes se preocupan obsesivamente por los sentimientos de los demás, muchas veces hasta el punto de llegar a enfermar emocionalmente o físicamente. Cuando se encuentran con una persona enojada o molesta, su primera respuesta es preguntarse qué pueden haber hecho ellos para hacer enojar a esa persona.

En esencia, el problema de la codependencia implica las maneras en que un individuo hace frente al comportamiento y las expectativas de quienes le rodean.

LÍDERES ESPIRITUALES CODEPENDIENTES

Por una parte, no es difícil ver el porqué las personas codependientes terminan en puestos de liderazgo espiritual, pues es el escenario definitivo para ocuparse de otros. Desgraciadamente, la persona con una grave codependencia experimentará gran frustración en el ministerio. Hay pocas profesiones donde sea más difícil mantener la paz y agradar a todos que en el ministerio. Inevitablemente, el comportamiento del líder espiritual que agrada a algunos ofenderá a otros. Una manifestación común entre los líderes espirituales codependientes es que no confrontan ni tratan el comportamiento inapropiado dentro de la iglesia. Aun cuando un comportamiento sea claramente inaceptable, el líder codependiente puede sentirse aterrado de abordar la situación por temor a herir los sentimientos de alguien y poner en riesgo la pérdida de aprobación que pudiera producirse por tal confrontación. El resultado natural de evitar tales cosas es que se posibilitan comportamientos malsanos e incluso no bíblicos dentro de la iglesia.

Otro aspecto negativo de la codependencia en el liderazgo espiritual es que el líder codependiente muchas veces está dispuesto a asumir responsabilidad de las actitudes y actos inapropiados de otros. Cuando alguien abandona bruscamente la iglesia con insatisfacción, el líder codependiente muchas veces se siente responsable del infeliz abandono de esa persona y puede que intente apaciguar al desertor suavizando el "problema". Eso lo único que hace es permitir que vuelva a suceder lo mismo en el futuro.

El líder espiritual codependiente, en particular en el ambiente de la iglesia local, puede hallar que su horario está fuera de control y que la carga de trabajo es insoportable porque para el líder es casi imposible decir no a las peticiones de los miembros de la iglesia. En un esfuerzo por mantener felices a todos y obtener aprobación, el pastor codependiente puede hallarse rebasado por las necesidades urgentes de los demás mientras que a la vez presta poca atención a la dirección general de la iglesia como un todo.

El ministerio y las organizaciones de servicio cristiano proporcionan el ambiente perfecto para que el líder se enfoque en otros excluyéndose a sí mismo. Eso muchas veces da como resultado que el pastor o líder codependiente no se ocupe de sí mismo, produciendo agotamiento y otras enfermedades debilitadoras.

PUNTOS CLAVE

- Una manifestación del lado oscuro es el desarrollo del líder codependiente. Sansón es un ejemplo que se encuentra en la Biblia.
- Algunos signos del líder codependiente incluyen los siguientes. Los líderes codependientes son pacificadores que encubren problemas, en lugar de afrontarlos, en un esfuerzo por equilibrar el sistema del grupo. Puede que sean muy benevolentes y tengan una alta tolerancia de las conductas desviadas. Dispuestos a aceptar más trabajo de modo que no tengan que decir no a nadie, reaccionan en lugar de actuar.
- En el corazón del líder codependiente está una persona reprimida y frustrada a la que le es difícil dar una plena y sincera expresión a las emociones o los problemas.

APLICACIÓN PERSONAL

¿Cómo determina usted si es codependiente en el ejercicio de su liderazgo? Es probable que al leer los perfiles de este capítulo se haya acercado a la respuesta. Sin embargo, en un esfuerzo por proporcionar ayuda más concreta, se ofrece el siguiente inventario para su evaluación personal.

Lea las siguientes frases y haga un círculo en el número que más se corresponda con las impresiones que tiene sobre usted mismo.

5 = fuertemente de acuerdo
4 = de acuerdo
3 = inseguro
2 = en desacuerdo
1 = fuertemente en desacuerdo

1. Crecí en una familia con una o más personas químicamente dependientes (alcohol, drogas, etc.).   1 2 3 4 5

2. Crecí en ambiente religioso estricto y legalista que sujetaba a sus miembros a una norma irrealista de comportamiento y se oponía a la comunicación abierta sobre luchas y problemas personales.   1 2 3 4 5

3. Normalmente estoy dispuesto a aguantar el comportamiento extraño o vergonzoso de los demás.   1 2 3 4 5

4. A menudo me abstengo de compartir mi opinión en una situación de grupo hasta que haya oído la opinión de los demás en el grupo.   1 2 3 4 5

5. Frecuentemente me preocupo por herir los sentimientos de las personas al compartir mis verdaderos sentimientos.   1 2 3 4 5

6. Muchas veces me siento responsable de problemas que yo no creé.   1 2 3 4 5

7. Me es difícil dormir porque me preocupo por los problemas o el comportamiento de otra persona.   1 2 3 4 5

8. Me encuentro frecuentemente desbordado y siento que mi vida está fuera de control.   1 2 3 4 5

9. Me es muy difícil decir no a las personas aun cuando sepa que decir sí causará dificultades para mí o para mi familia.   1 2 3 4 5

10. Constantemente tengo un sentido de culpabilidad pero tengo dificultad para identificar su fuente.   1 2 3 4 5

11. Siento que nunca estoy a la altura de quienes
me rodean, y tengo pensamientos de
automenosprecio.   1 2 3 4 5

12. Cuando recibo elogios por parte de otros, me
es difícil simplemente aceptarlos sin hacer
afirmaciones calificativas.   1 2 3 4 5

Sume todos los números que ha puesto en círculos y escriba el total aquí:

Si la suma total es de menos de 20, es probable que no sea usted codependiente. Si su total está entre 21 y 40, existe la posibilidad de que tenga usted *algunas* tendencias codependientes. Si su total es de 41 o más, probablemente sea usted un líder codependiente.

¿Ve los rasgos de un líder codependiente en usted mismo? ¿De qué maneras refleja este tipo de líder el lado oscuro de usted?

11

EL LÍDER
PASIVO-AGRESIVO

Él no quería ir. De hecho, su aversión a la tarea le empujó en realidad a salir del país con la esperanza de que finalmente se asignase la tarea a otro portavoz. Su tarea: ir a la ciudad enemiga de Nínive y advertirles del inminente juicio a menos que cambiasen sus caminos y se volviesen a Dios.

JONÁS: UN HOMBRE ENOJADO

Debido a que se alejó de la tarea que Dios le había asignado, Jonás se vio en medio de una tormenta: la tormenta de la disciplina de Dios. Cuando intentó escapar del llamado de Dios a ir a Nínive, su barca de liberación se inundó. Al enfrentarse a la posibilidad de poner en peligro las vidas de otros, Jonás confesó que él había causado la tormenta y, como respuesta, los marineros lanzaron a Jonás por la borda, esperando salvarse a sí mismos. No fue hasta que estuvo en el vientre de la ballena que Jonás finalmente expresó una tristeza genuina por su reticencia a llevar a cabo la tarea que Dios le había llamado a emprender (Jon. 2:8-9).

La tristeza y el arrepentimiento de Jonás no durarían mucho tiempo. Una vez que la tormenta producida por su desobediencia hubo pasado, Jonás de nuevo desarrolló una actitud menos que entusiasta hacia la misión que Dios le había vuelto a encomendar. Para mérito suyo, a pesar de su reticencia y tozudez, Jonás predicó letárgicamente a los condenados ninivitas, intentando a propósito ser ineficaz en su proclamación, esperando todo el tiempo que sus esfuerzos se encontraran con el fracaso.

A pesar de su actuación menos que estelar, Dios llevó redención y avivamiento a la ciudad pagana de Nínive como resultado directo de la predicación de Jonás, pero Jonás no estaba contento (Jon. 4:1). Su enojo produjo un periodo de mal humor y hasta hizo que él impulsivamente clamase a Dios: "Ahora pues, oh Jehová, te ruego que me quites la vida; porque mejor me es la muerte que la vida (Jon. 4:3). En medio del gesto mohíno y la frustración de Jonás, en un misericordioso gesto para darle sombra y protegerlo del sol, Dios le proveyó una planta bajo la cual él pudiera sentarse, y "Jonás se alegró grandemente por la calabacera" (Jon. 4:6). Al día siguiente, cuando la planta se secó, de nuevo Jonás se deprimió y dijo: "Mejor sería para mí la muerte que la vida" (Jon. 4:8). Jonás tenía generalmente una perspectiva negativa de su vida y del futuro.

En la vida y el ministerio de Jonás vemos una resistencia a la demanda de Dios de llevar a cabo una tarea asignada, brotes de tristeza y enojo, breves periodos de contrición y tristeza por sus actos, comportamiento impulsivo y una negatividad general. Actualmente Jonás sería clasificado como un líder pasivo-agresivo.

RETICENCIA A ACTUAR

Al igual que Jonás el profeta reticente, los líderes pasivo-agresivos tienen una tendencia a resistir las demandas de realizar tareas adecuadamente.[1] Su resistencia la mayoría de las veces se expresa por medio de comportamientos como: posponer las cosas, demorarse, ser tozudos, olvidadizos y la ineficacia a propósito.[2]

Esta reticencia a actuar surge del temor al fracaso que se produce al hacerse cargo de un proyecto importante y del temor a que el éxito pueda fomentar mayores expectativas, lo cual podría conducir a cierto grado de fracaso en el futuro. ¿Qué mejor manera de evitar el fracaso o mayores expectativas que el éxito pueda fomentar que simplemente negarse a actuar o hacerlo ineficazmente a propósito?

Los líderes pasivo-agresivos también tienen inclinación a breves arrebatos que expresan intensas emociones, como tristeza, ira y frustración. Muchas veces su agresión yace justo dentro de los límites de lo que es legal y socialmente aceptable y que, sin embargo, sigue siendo provocativo. Esos arrebatos muchas veces son seguidos de breves periodos de tristeza y arrepentimiento.[3] Todo ese comportamiento demuestra cierta impulsividad.

Los Jonás actuales se quejan de forma perenne, cuya presencia desmoraliza a quienes ellos dirigen o con quienes se relacionan.[4] Aunque realizan la tarea que se espera de ellos, lo hacen con poco o ningún entusiasmo, y albergan enojo y amargura por ser obligados (así lo creen ellos) a hacerlo.

Debido a que las personas pasivo-agresivas son a menudo impulsivas, sus conocidos y colegas muchas veces se sienten crispados en espera del siguiente arrebato.[5] Esos líderes hacen que las personas se sientan incómodas, y a menudo las dejan sintiéndose confundidas. Quienes trabajan con una persona pasivo-agresiva se preguntan a menudo: ¿Qué quiso decir con ese arrebato? ¿De dónde vino eso? cuando la persona pasivo-agresiva se lanza a la diatriba. Otra tendencia de esas personas es demostrar impaciencia, irritabilidad e inquietud cuando las cosas no van como ellos quieren o cuando se aburren con los procedimientos. De modo sorprendente, Dios es capaz de utilizar hasta a los líderes pasivo-agresivos para lograr sus propósitos.

LÍDERES ESPIRITUALES PASIVO-AGRESIVOS

Muchos líderes pasivo-agresivos en el ministerio encuentran difícil establecer metas e implementar planes para el futuro, ya que esas cosas solo proporcionan la posibilidad de fracasar. Además de ese temor al potencial fracaso, está la perspectiva pesimista del líder pasivo-agresivo, la cual hace que él o ella digan: "¿Cuál es el caso de planificar o establecer metas? De todos modos, nada va a cambiar por aquí". Ellos llevan a cabo los planes de su Junta con reticencia. El líder pasivo-agresivo se resiste a las normas y los sistemas para medir el rendimiento.

Los líderes que son pasivo-agresivos puede que constantemente se quejen de no tener ningún apoyo de su Junta y de aquellos a quienes dirigen, citando que la falta de apoyo es una de las razones de que su efectividad se vea afectada. Irónicamente, cuando otras personas se implican y adoptan un serio interés en ayudarlos, esos líderes enseguida se quejan de que no se les permite dirigir de la manera que quieren.

En las reuniones de la Junta y otros escenarios como reuniones congregacionales, el líder pasivo-agresivo puede volverse impaciente e irritable cuando las cosas no resultan como él o ella quieren. Esa frustración muchas veces da como resultado un estallido emocional en ese momento o en otro momento futuro durante una reunión que no tiene ninguna relación con ello.

No es que esos líderes estén constantemente enojados o siempre quejándose. La mayor parte del tiempo aparentan estar contentos, ser sumisos y estar satisfechos con su trabajo y con la organización. Sin embargo, puede verse un patrón de comportamiento errático con el tiempo. Debido a ese patrón, los líderes pasivo-agresivos constituyen muchas veces lo más fuerte de las bromas internas y comentarios como: "Me pregunto qué pastor aparecerá en la reunión de esta noche", "espero que el pastor no nos ofrezca una actuación hoy".

Recordamos a un miembro de una Junta de una iglesia local que demostraba el clásico comportamiento pasivo-agresivo. Mientras no hubiese planes de cambio ni planes estructurados para el futuro, esa persona estaba bien. En el momento en que el personal pastoral y la Junta de la iglesia comenzaban a moverse de modo agresivo y a desarrollar planes para el futuro de la iglesia, él adoptaba su ánimo pasivo-agresivo. En aquellas reuniones esa persona explotaba de repente con un irracional estallido emocional que agarraba a todos por sorpresa. No ofrecía argumentos lúcidos o ideas mejores; simplemente comenzaba a vociferar acerca de amplias generalidades que remotamente, si es que lo hacían, tocaban el asunto en cuestión. Bien, como podrá imaginarse, esas tácticas tuvieron éxito a la hora de detener el progreso una y otra vez. Durante años, las estratagemas de esa persona evitaron que la iglesia implementase cualquier plan que podría haber establecido una norma para el éxito y haber hecho que la iglesia se moviese hacia nuevos niveles de ministerio y eficacia. Esa es muchas veces la manera en que los líderes pasivo-agresivos se manifiestan a sí mismos en situaciones de liderazgo espiritual. Su vociferación detiene el progreso.

PUNTOS CLAVE

• Una manifestación del lado oscuro es el desarrollo del líder pasivo-agresivo. Jonás es un ejemplo que se encuentra en la Biblia.

• Algunos signos del líder pasivo-agresivo son los siguientes. Los líderes pasivo-agresivos son obstinados, olvidadizos e ineficientes a propósito. Tienden a quejarse, resistirse a las demandas, posponer las cosas y demorarse como medios de controlar su ambiente y a quienes les rodean. En ocasiones ejercerán control mediante el uso de breves estallidos de tristeza o de ira.

• En el corazón del líder pasivo-agresivo están ira y amargura al igual que el temor al éxito, ya que eso conducirá a mayores expectativas.

APLICACIÓN PERSONAL

¿Le resultó familiar el miembro de la Junta descrito en este capítulo? ¿Ha respondido usted alguna vez como él? ¿Cómo sabe si es usted un líder pasivo-agresivo? El siguiente inventario tiene la intención de ayudarlo a comenzar a responder a esa pregunta. Lea las siguientes frases y haga un círculo en el número que más se corresponda con las impresiones que tiene sobre usted mismo.

5 = fuertemente de acuerdo
4 = de acuerdo
3 = inseguro
2 = en desacuerdo
1 = fuertemente en desacuerdo

1. Me hallo a mí mismo resistiéndome a las
normas y procedimientos para la evaluación
formal de mi rendimiento.   1 2 3 4 5

2. Es común para mí posponer las cosas en los
proyectos importantes.   1 2 3 4 5

3. Regularmente me resisto a las ideas de otros que
pudieran traducirse en mayores tareas o
responsabilidades para mí.   1 2 3 4 5

4. Me hallo a mí mismo rindiendo menos
regularmente.   1 2 3 4 5

5. Experimento periódicos pero regulares arrebatos
de ira y frustración que están justo dentro de los
límites de lo que se considera un comportamiento
aceptable.   1 2 3 4 5

6. Ocasionalmente olvido a propósito proyectos
sugeridos.   1 2 3 4 5

7. A veces les doy a otros el tratamiento del silencio como expresión de mi ira.   1 2 3 4 5

8. Me hallo diciendo a otros que nada me está molestando cuando en realidad estoy hirviendo.   1 2 3 4 5

9. Tiendo a ser generalmente pesimista y a sentirme negativo respecto a mi futuro.   1 2 3 4 5

10. Otros me han expresado que les hago sentirse incómodos.   1 2 3 4 5

11. Los planes estratégicos y el establecimiento de metas son difíciles para mí.   1 2 3 4 5

12. A veces me hallo a mí mismo intentando manipular a otros en situaciones de grupo desahogando mi ira y mis emociones cuando afronto una iniciativa o idea que no apoyo.   1 2 3 4 5

Sume todos los números que ha puesto en círculos y escriba el total aquí:

_____

Si la suma total es de menos de 20, es probable que no sea usted pasivo-agresivo. Si su total está entre 21 y 40, existe la posibilidad de que tenga usted *algunas* tendencias pasivo-agresivas. Si su total es de 41 o más, probablemente sea usted un líder pasivo-agresivo.

¿Ve los rasgos de un líder pasivo-agresivo en usted mismo? ¿De qué maneras refleja este tipo de líder el lado oscuro de usted?

Como es probable que haya imaginado, muchos líderes son una combinación de los tipos que acabamos de repasar. En la mayoría de los líderes habrá uno o dos tipos que causarán el mayor impacto en el estilo de liderazgo, mientras que otros tipos jugarán papeles secundarios. Una manera de ver cómo encajan en su propia vida es trazar las respuestas a los cinco inventarios que se encuentran en los capítulos 7 a 11. Para cada inventario, tome el número que escribió como total y divídalo por 5 (redondee hacia el número entero más cercano). Refleje ese número en el gráfico de la figura 2 comenzando en el centro del círculo y avanzando hacia el borde externo, contando los círculos hasta que llegue al total de ese inventario.

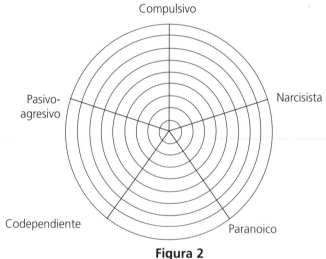

Figura 2

Ponga un punto en el círculo que represente su total. Por ejemplo, si el total en uno de los inventarios es de 40, debería poner un punto en el octavo círculo desde el centro (ya que 40 dividido entre 5 da 8). Una vez que se hayan trazado todos los totales de los inventarios, puede usted unir los puntos con líneas rectas para ver con más claridad dónde está enfocada la mayor influencia de su lado oscuro. Es donde el punto o puntos están trazados más lejos del centro. La Figura 3 está hecha como ejemplo.

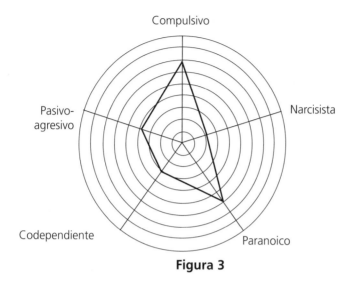

Figura 3

¿Qué hará ahora entonces con lo que ha aprendido sobre usted mismo? ¿Cómo puede utilizar su nueva comprensión para evitar un grave fracaso en el liderazgo que le humille a usted y a sus seres queridos? Una mayor conciencia y comprensión conllevan una mayor responsabilidad de quitar el lado oscuro de su personalidad y sobreponerse a él. Ahora es momento de volver nuestra atención a la tercera parte y a la tarea de cómo podemos comenzar a redimir nuestro lado oscuro sin importar la forma única y singular que haya adoptado.

REDIMIR NUESTRO LADO OSCURO

3

PARTE

12

CÓMO SOBREPONERSE
AL LADO OSCURO

A unque sobreponerse al lado oscuro propio no es nunca una tarea fácil, se espera que los líderes ejerzan un mayor grado de manejo de sí mismos, redimiendo su lado oscuro y mitigando así sus influencias potencialmente negativas. Es alentador saber que hay líderes que nos han precedido que han sido exitosos a la hora de hacer precisamente eso.

APRENDER DE LINCOLN

Abraham Lincoln fue un líder que dirigió con seguridad a los Estados Unidos en una de sus tormentas más difíciles. La suya fue una tarea de liderazgo amenazadora: mantener unido un país fragmentado y en guerra hasta que los asuntos que lo dividían pudiesen ser resueltos y pudiese restaurarse la unidad. Como todo líder, Abraham Lincoln fue el producto de las experiencias y los traumas de su niñez, los cuales produjeron dentro de él un lado oscuro que le empujó a buscar el liderazgo y lograr el éxito. Su madre murió cuando él tenía nueve años, y una hermana, Sarah, murió cuando él tenía diecinueve años. Después de la muerte de su madre, su padre volvió a casarse con una mujer que tenía tres hijos pequeños, obligando a Abraham a vivir con varias personas en una cabaña de madera muy pequeña. Debido a que él era un muchacho extremadamente torpe y poco atractivo, los demás niños se burlaban de él, haciendo que su lado oscuro se desarrollase aún más.

Otra profunda influencia sobre la vida de Abraham Lincoln fue la falta de educación académica de su padre y el no disfrutar de ninguna relación cercana entre padre e hijo. A medida que Lincoln comenzó de modo más agresivo a perseguir la educación académica que su padre nunca recibió, eso condujo a un distanciamiento aún mayor entre padre e hijo. Tan profunda era la grieta entre los dos que más tarde, cuando Lincoln recibió la noticia de que su padre estaba en su lecho de muerte, se negó a regresar a su casa para despedirse de él; ni siquiera asistió al funeral de su padre.

Como uno podría imaginarse, aquellos fueron importantes traumas. Todas esas experiencias de la niñez, mezcladas con el desarrollo de la personalidad del futuro presidente, crearon un poderoso lado oscuro. Sus primeros intentos de poner una máscara a su lado oscuro y lograr la aprobación de sus iguales adoptó la forma de contar historias divertidas y hacer de cómico. A medida que se hizo adulto, su lado oscuro produjo en su interior la necesidad de alcanzar el éxito, dando como resultado muchos intentos de obtener un puesto público. Su sentido de inferioridad y de falta de autoestima condujo a Abraham Lincoln a lograr un nivel de éxito e influencia que proporcionaría el bálsamo para sus dolorosas heridas de la niñez.

Contrariamente a muchos líderes, Lincoln era dolorosamente consciente de su lado oscuro y dio pasos proactivos para evitar que saboteasen su liderazgo. Aunque fue capaz de sacar provecho a sus numerosos puntos fuertes, "él también fue capaz de reconocer sus defectos, compensarlos y minimizar su lado oscuro".[1] Lincoln comprendió de manera innata:

Todos los seres humanos tienen sus debilidades, pero no todos nosotros nos damos cuenta de ellas, luchamos con ellas o contrarrestamos su impacto negativo. Como grupo cuya principal empresa es relacionarse con otras personas, los líderes *deben* realizar la paradójica tarea de manejar sus lados oscuros (énfasis de los autores).[2]

Armado con tal autoconocimiento, Lincoln fue capaz de implementar una estrategia de dirección personal que lo capacitó para lograr la grandeza donde muchos otros líderes habrían tropezado y caído. Puede que no podamos determinar de modo conclusivo la profundidad de la automeditación y el análisis que realizó Lincoln sobre sus traumas de la niñez, pero lo que sí sabemos es que era perfectamente consciente de sus debilidades personales y sus cicatrices interiores. Cuando Lincoln fue confrontado con difíciles situaciones de liderazgo y cuando se convirtió en el objetivo de las crueles críticas que amenazaban con desenmascarar su sentido de inferioridad y reavivar dolorosos recuerdos y sentimientos de la niñez, él no respondió de modo impulsivo en un esfuerzo por protegerse a sí mismo. Sabía que muchos de los sentimientos negativos despertados por las difíciles y amenazadoras experiencias de liderazgo con las que se encontraba eran el resultado de su propio lado oscuro. Por consiguiente, Lincoln fue capaz de implementar una serie de estrategias de dirección personal que lo capacitaron para limar sus asperezas y evitaron que respondiese de maneras defensivas, paranoicas o impulsivas cuando se sentía amenazado. Sus técnicas de manejo de sí mismo le permitieron liberar presiones interiores antes de que explotasen y se convirtiesen en un importante fracaso en el liderazgo durante un precario periodo en la historia de los Estados Unidos.

Por ejemplo, Lincoln adoptó la práctica de no demostrar nunca su enojo en público. En cambio, expresaba lo que sentía en una larga carta a la parte que le había ofendido; después leía esa carta periódicamente hasta que la ira se apagaba, y finalmente la tiraba sin haber llegado nunca a enviarla. De esa manera él podía desahogar sus sentimientos sin ofender innecesariamente a otros, lo cual hubiese creado barreras para su liderazgo.

Lincoln era célebre por sus ingeniosos comentarios y divertidas anécdotas. Al igual que hizo en sus años de adolescencia, él usaba el humor para reducir la tensión de los comentarios hirientes y las críticas personales antes de permitir que estos avivasen sus sentimientos de inseguridad e inferioridad. Era una práctica que se ganó los corazones y la admiración de muchos adversarios políticos y críticos en los cuales las réplicas impulsivas y defensivas de Lincoln podrían haber creado una hostilidad aún mayor, obstaculizando su capacidad de dirigir de manera eficaz.

Lincoln hizo esfuerzos conscientes por evitar el conflicto siempre que era posible. Ese deseo de evitar el conflicto no era el resultado de un comportamiento codependiente, y no significa que Lincoln viviese en un estado de negación. Más bien comprendía que no todo desacuerdo y problema merecía la pena la energía que se requiere en el conflicto. Aunque puede que haya habido una tendencia natural en él a ser controlador, comprendió que no siempre era necesario controlar para obtener consecuencias positivas y que sin duda era uno de los síntomas de su lado oscuro. Como resultado, él estaba dispuesto a permitir que los miembros de su personal manejasen las cosas de maneras de las que él muchas veces no era partidario. En una ocasión afirmó: "Permitamos que las diferencias de poca importancia y las preferencias personales, si es que hubiera tales, vayan a los vientos".[3] En otra ocasión sermoneó al asistente del secretario de la marina acerca del conflicto:

> Usted tiene mayor parte de ese sentimiento de resentimiento personal que yo... Quizá puede que yo tenga demasiado poco de él, pero nunca pensé que mereciera la pena. Un hombre no tiene tiempo para gastar la mitad de su vida en peleas. Si cualquier hombre deja de atacarme, yo nunca recuerdo el pasado para emplearlo en su contra.[4]

La gran mayoría de los conflictos en el liderazgo son resultado de que los propios sentimientos del líder resulten ofendidos, de que sus ideas sean rechazadas, de que otro miembro del personal rinda más que él o ella, de no recibir la atención y el respeto que siente que merece, o de otros diversos asuntos triviales. Muchas veces todas esas cosas se convierten en áreas de conflicto porque tocan algún punto sensible del lado oscuro del líder, y refuerzan los sentimientos que el líder tiene de incapacidad, inseguridad, paranoia o algún otro sentimiento. Lincoln era consciente de esto y adoptó la práctica de evitar el conflicto siempre que fuera posible negándose a responder a esos problemas que no eran cruciales.

¿DE VERDAD NECESITAMOS SOBREPONERNOS A NUESTRO LADO OSCURO?

La realidad es que nunca podemos erradicar por completo nuestro lado oscuro; siempre está con nosotros. Al igual que nuestra sombra desaparece periódicamente cuando el sol está ausente pero después regresa, podemos dominar nuestro lado oscuro y sobreponernos a él durante importantes periodos de tiempo, pero está siempre con nosotros.

Para muchos líderes, el viaje de redimir su lado oscuro debe comenzar por reconocer la desesperada necesidad de hacerlo. Warren Bennis, distinguido profesor de administración empresarial en la universidad de Southern California, ha dicho que las experiencias y los eventos de nuestro pasado "no se limitan a gobernarnos; nos inhiben y nos dejan en ridículo".[5] Eso es, sin ninguna duda, cierto del lado oscuro cuando se le da rienda suelta en la vida del líder. ¿Pero qué hay en nuestro lado oscuro que crea tal urgencia para que nos sobrepongamos a él cuanto antes? Como hemos visto a lo largo de este libro, el lado oscuro ha destruido a muchos líderes, iglesias y familias. Antes de llegar a tener el incentivo para sobreponernos a él, necesitamos comprender los aleccionadores resultados de no hacerlo.

La verdad es que no necesariamente nos sentimos en peligro cuando leemos de líderes conocidos nacionalmente que han caído de la gracia porque nos es difícil identificarnos con ellos. Lo más probable es que nosotros no controlemos presupuestos de cientos de millones de dólares, como ellos hacen; no tenemos influencia sobre cientos de miles de personas cuando predicamos o enseñamos, como ellos tienen. Debido a que vemos nuestro liderazgo y nuestras organizaciones con una influencia limitada, es fácil que seamos engañados para creer que el lado oscuro no es una grave amenaza para nosotros; pero eso es una mentira. ¡De hecho es un signo de que nuestro lado oscuro está bien vivo! Debemos convencernos de que el lado oscuro es una grave amenaza para el modo en que Dios quiere usarnos.

Como vimos en la segunda parte, cada uno de nosotros tiene un único y singular lado oscuro como resultado de nuestras circunstancias particulares, personalidad y experiencias. Cada manifestación del lado oscuro (compulsión, narcisismo, paranoia, codependencia y pasividad-agresividad) tiene sus propios peligros. Sea que dirijamos a miles de personas cada semana o solo a cientos, o sea que controlemos un elevado presupuesto u otro más modesto, nos incumbe a nosotros sobreponernos a nuestro lado oscuro.

LOS PELIGROS DEL LADO OSCURO

Un lado oscuro compulsivo al que se le permita operar a sus anchas puede dar como resultado una rigidez personal y organizativa que reprime la creatividad y crispa nuestras relaciones con otros. El liderazgo compulsivo puede producir un ambiente farisaico y legalista que aleje a las personas a las que estamos llamados a dirigir. Las tendencias compulsivas pueden dar como resultado la adicción al trabajo o una dolorosa explosión emocional y conducir a un completo agotamiento del que pueden tardarse años en recuperarse. Además, el impulso de controlar a quienes dirigimos y con quienes vivimos, la mayoría de las veces resulta en alejamiento y rebelión cuando las personas reaccionan contra nuestro control. Más de un matrimonio y de una iglesia han resultado totalmente fracturados por tal liderazgo.

Sin embargo, si al igual que en el rey Salomón y en Jim Bakker, nuestro lado oscuro adopta la forma del narcisismo, puede hacer que explotemos a quienes hemos sido llamados a dirigir. En lugar de mirar por las necesidades de otros, el narcisismo, si no se vence, hará que el líder vea a las personas como "carne" cuyo único propósito es alimentar el insaciable apetito del líder de mayores y mejores logros.

Los líderes narcisistas literalmente han destruido iglesias con proyectos de edificación que las iglesias no necesitaban y no podían permitirse, de nuevo para ningún otro propósito sino el de hacer que los líderes inseguros se sientan bien consigo mismos temporalmente. En el peor de los casos, el narcisismo galopante hasta conducirá a un comportamiento no ético e ilegal a medida que el líder se ve impulsado a lograr cosas sin importarle el precio que haya que pagar.

Se han perpetrado numerosos escándalos Watergate espirituales por parte de líderes paranoicos que vivían en un constante estado de negación. Fuerte desconfianza entre pastores y Juntas, guerra espiritual de guerrillas y una incapacidad de disfrutar de la genuina comunión cristiana son todos ellos resultados del correr desbocado del lado oscuro del líder paranoico.

Muchos líderes codependientes se han destruido a sí mismos en el ministerio al intentar en vano mantener feliz a toda la iglesia y satisfacer las necesidades de todos y a la vez ignorar a su propia familia y sus necesidades personales. Agotamiento, divorcio, aventuras adúlteras y enfermedad física pueden ser el resultado cuando un líder no redime su comportamiento codependiente. Es muy probable que la codependencia haya inutilizado a más iglesias y organizaciones cristianas que ninguna otra enfermedad del liderazgo.

Finalmente, está el líder pasivo-agresivo que debe vivir con la vergüenza y las consecuencias de sus arrebatos incontrolados. Muchas veces, debido a su imprevisible y extraño comportamiento, el pastor pasivo-agresivo se ve obligado a viajar de iglesia en iglesia como un predicador itinerante no bienvenido, sin llegar nunca a comprender por qué "esas personas" simplemente no le quieren.

Esta es solo una mirada superficial a los problemas que los líderes espirituales posiblemente podrían evitar simplemente aprendiendo a sobreponerse a su lado oscuro. Parece que un poco de esfuerzo merece la pena si puede evitar aunque sea solo algunas de esas consecuencias negativas y eludir un probable desastre en el liderazgo. Debemos hacernos responsables de triunfar sobre nuestro lado oscuro.

Redimir el lado oscuro

Es importante recordar que aunque el término *lado oscuro* puede evocar imágenes negativas, nuestro lado oscuro no es intrínsecamente malo. Es simplemente una parte de ser humanos. Dios puede obrar y obra por medio de nuestro lado oscuro para alcanzar los propósitos de su reino y para elevarnos a posiciones de liderazgo a las que nosotros puede que no hubiéramos aspirado sin la influencia de nuestro lado oscuro. Sin embargo, es esencial en algún punto que nuestro lado oscuro sea redimido para servir de modo más adecuado a los propósitos de Dios y usarlo menos para satisfacer nuestras propias necesidades.

Dios desea que nos examinemos a nosotros mismos con seriedad para que aprendamos sobre las cosas que nos motivan y los temores y ansiedades que siempre acompañan al liderazgo. A medida que obtengamos perspectiva sobre estos asuntos, debemos entregar a Dios más y más de nuestras malsanas motivaciones y temores. No hacerlo casi siempre dará como resultado la reducción de la eficacia y el aumento de la posibilidad de un trágico fracaso.

Debemos comprender que ninguna cantidad de éxito o de logro llenará nunca los agujeros creados por nuestras propias necesidades no satisfechas. En última instancia, esas necesidades solo pueden satisfacerse plenamente por medio de una correcta comprensión y una apropiación personal de todo lo que Dios ha provisto para nosotros en su hijo Jesucristo.

Quienes tienen tendencias compulsivas deben comprender que Dios es soberano y tiene el control completo no solamente de sus vidas sino también de las circunstancias que rodean sus vidas. Dios conoce el fin desde el principio. Nosotros podemos confiar nuestra vida a Dios, aun con su miríada de detalles.

El líder narcisista debe aprender que ninguna cantidad de logro o de reconocimiento personal aplacará su persistente sed interior de un sentido de capacidad y estima personales aparte de encontrar la plena satisfacción en Cristo.

Quienes luchan con los rasgos del líder paranoico, como David, necesitan confiar en que Dios es su protector y que Él será una fortaleza contra todos los ataques a su liderazgo, ya sean reales o imaginarios. El líder paranoico necesitará aprender que mediante elevar a otros Dios se ocupará de que el líder también reciba su parte.

Los líderes codependientes necesitan aceptar el hecho de que ellos no son responsables de las actitudes y los actos de los demás, y que agradar a Dios es más importante que gustarle a todas las personas a quienes se sirve. Como líderes, no es nuestra responsabilidad "arreglar" a todos. No siempre podemos mantener la paz y, de hecho, a veces debiéramos ser las personas a quienes Dios usa para hacer que las personas se sientan incómodas con sus comportamientos inaceptables.

Finalmente, el líder que lucha con sus tendencias pasivo-agresivas debe aprender que la motivación producida por una visión inspirada por Dios y una estrategia bien diseñada para lograr la visión es mucho más eficaz que la manipulación de arrebatos emocionales públicos.

Mediante este proceso de aprender acerca de nosotros mismos y progresivamente tratar nuestro lado oscuro evitamos su destructiva paradoja y permitimos que Dios ejerza mayor control sobre nuestro liderazgo. Al final llegará un momento en que realmente podamos descansar en nuestro liderazgo a medida que con tranquilidad y confianza dirigimos para la gloria de Dios en lugar de satisfacernos a nosotros mismos.

PASOS QUE CONDUCEN A SALIR DE LA OSCURIDAD

Obviamente, no hay una fórmula rápida y fácil que podamos aplicar que venza toda una vida de experiencias que han ayudado a crear nuestro lado oscuro. Salir de debajo del lado oscuro de nuestra personalidad requerirá disciplina y una vigilancia continua. Es un proceso que dura toda la vida, y aquí la palabra operativa es *proceso*. El proceso indica que hay un método o procedimiento que debe seguirse, un curso a emprender. Los pasos que se ofrecen en los capítulos 13 a 17 representan un curso recomendado que podemos trazar y adaptar a nuestras propias necesidades y que nos capacitará para sobreponernos de modo coherente a nuestro lado oscuro.

Esos pasos no se ofrecen como una fórmula simplista de tratar un asunto extremadamente complejo, sino más bien como un marco básico sobre el cual podemos edificar continuamente a medida que aumente nuestra comprensión de las manifestaciones únicas y singulares de nuestro lado oscuro y de cómo afecta a nuestras vidas y a nuestro liderazgo. Como fue cierto en las vidas de Abraham Lincoln y de Billy Graham, cuando estamos equipados con una adecuada comprensión de nuestro único lado oscuro poseemos una disposición a examinarnos sinceramente a nosotros mismos, y aplicando verdad divina y espiritual podemos sobreponernos a nuestro lado oscuro y minimizar drásticamente sus efectos negativos en nuestra vida y en nuestro liderazgo.

PUNTOS CLAVE

* El lado oscuro del liderazgo no puede ser nunca eliminado pero sí vencido. Los líderes pueden ejercer un grado de dirección de sí mismos para mantener a raya su lado oscuro.
* Ninguna fórmula simple puede vencer toda una vida de experiencias que se han combinado para formar nuestro lado oscuro. Sin embargo, a medida que aplicamos a él la verdad de Dios, podemos minimizar sus efectos negativos en nuestra vida, carrera, familia y ministerio.
* Poder sobreponernos a nuestro lado oscuro requerirá disciplina, vigilancia continua y un esfuerzo a lo largo de nuestra vida.

APLICACIÓN PERSONAL

¿Qué éxito ha tenido usted en el pasado sobre su lado oscuro? Identifique sus luchas y sus victorias. ¿Hasta qué grado está usted dispuesto a comprometerse a sobreponerse a su lado oscuro?

13

PASO 1

RECONOCER SU
LADO OSCURO

La misma semana en que fue agraciado con la portada de la revista *Time*, proclamado como el ingeniero de la resurgencia política del presidente Clinton a la vista de problemas aparentemente insuperables, Dick Morris cayó de su elevada posición de admiración pública. Sorprendentemente, el hombre que era la fuerza central tras el renovado hincapié del presidente en los valores familiares y la moral pública conservadora, se halló a sí mismo en una tormenta que giraba en torno a alegatos de sus propios actos de inmoralidad y comportamiento no ético.

Mientras que Dick Morris diseñaba la política pública y la estrategia de campaña, que pregonaba la importancia de los valores familiares y la buena moral, pasaba los fines de semana con su esposa en Connecticut y muchas de las noches entre semana con una prostituta de doscientos dólares la hora en un elegante hotel en Washington D.C. que estaba solo a unas manzanas de la Casa Blanca. Morris también compartía descaradamente secretos políticos con su amor interesado, en varias ocasiones llamando a la Casa Blanca para hablar con el presidente mientras permitía que su amante escuchase la conversación.

El escándalo llegó a los medios de comunicación la semana antes de la Convención Nacional Republicana del año 1996, cuando el presidente estaba triunfalmente en la ola de un nuevo apoyo público generado por Dick Morris para una segunda nominación como presidente de los Estados Unidos, una tarea considerada improbable por muchos de los expertos políticos solo unos meses antes. El acto de Morris fue un acto de proporciones casi increíbles. ¿Qué se apoderaría de una persona que había trabajado tanto por la victoria del presidente para que se comportase de una manera tan temeraria y autodestructiva? ¿Cómo podría un hombre de tan aparente inteligencia permitirse a sí mismo ser víctima de tal comportamiento? La respuesta es bastante sencilla: el lado oscuro.

En las entrevistas y conversaciones de arrepentimiento que siguieron a su desastrosa caída, Dick Morris reconoció que había sido víctima de su propio lado oscuro. Para ser más concretos, fue su negación y el no reconocer su lado oscuro lo que condujo a su precipitada caída pública en picado. Él sabía que lo que estaba haciendo estaba mal y, sin embargo, se negaba a reconocerlo y a detener el desviado comportamiento. Según una entrevista a Associated Press, Morris reconoció que se había vuelto egoísta, arrogante y fuera de control antes de su caída; ignoró a su esposa, a sus amigos y las normas, escogiendo en cambio vivir en un estado de negación. "Mi sentido de la realidad estaba alterado. Comencé a emocionarme por trabajar para el presidente; luego me volví arrogante, después me volví ambicioso, y más tarde me volví autodestructivo".[1]

Dick Morris es simplemente otra víctima del lado oscuro, una víctima que podría haber evitado tales consecuencias públicas y dolorosas si sencillamente hubiese reconocido la existencia de su lado oscuro y hubiese dado los pasos necesarios para sobreponerse a una vida interior que se tambaleaba peligrosamente fuera de control.

Desgraciadamente, sobreponerse al lado oscuro no es tan algo tan simple como el mero reconocimiento de que tenemos un lado sombrío en nuestra personalidad. Debemos profundizar más para tratar el material en bruto que ha contribuido a formar nuestro lado oscuro (ver capítulo 3). Como cristianos, creemos que nuestra naturaleza humana caída es la principal culpable cuando se trata de la creación de nuestro lado oscuro y nuestra capacidad de negar su existencia. Por lo tanto, nuestro lado oscuro necesita no solo ser reconocido; en última instancia debe ser redimido y restaurado. Debemos reconocer nuestro pecado y buscar el perdón y la redención que pueden hallarse solamente en Jesucristo. A medida que tratemos esta causa principal del lado oscuro, el Espíritu Santo nos capacitará y dirigirá para que nos sobrepongamos a nuestro lado oscuro. Sin embargo, aun después de dar esos pasos, debemos ser conscientes de que seremos tentados a negar la periódica resurgencia de nuestro lado oscuro. Es una batalla para cuya lucha debemos estar constantemente preparados.

EL PELIGRO DE LA NEGACIÓN

Merece la pena observar que la negación del lado oscuro no es algo único de los políticos y líderes del siglo XX. Aun el rey David, un hombre conforme al corazón de Dios, cayó víctima de las peligrosas consecuencias de no reconocer el lado oscuro.

La historia nos es familiar. Un poderoso líder nacional de inteligencia con toscos rasgos de buena presencia queda enredado en el apasionado encanto de la joven esposa de uno de sus asociados. El líder divinamente escogido y ordenado del pueblo de Dios queda atenazado en una aventura adúltera que da como resultado la catastrófica consecuencia de un escándalo privado que se saca a la luz pública.

La negación del rey David duró más de un año, hasta que finalmente fue acorralado por un perseverante profeta que se negó a ser disuadido por el autoengaño de un rey popular. No hay duda de que David fue bastante consciente de su pecado en aquella primera noche con Betsabé, pero los razonamientos del lado oscuro demostraron ser una potente fuerza con la que contar. Fue después de este grave y doloroso flirteo con su lado oscuro cuando David lo reconoció y comenzó a dar los pasos necesarios para sobreponerse a él.

La buena noticia es que no tenemos que esperar hasta haber experimentado algún fracaso irreversible en el liderazgo antes de poder comenzar a redimir nuestro lado oscuro. ¡El momento de comenzar es ahora! Pero todo viaje comienza con ese primer paso, sin tener en cuenta lo insignificante que pudiera parecer.

El comienzo del viaje

Aunque puede que suene simplista, si queremos sobreponernos a nuestro lado oscuro necesitamos comenzar reconociendo su existencia y comprendiendo la forma que ha adoptado a lo largo de los años. Para muchas personas que han pasado toda la vida en la iglesia, esto no es tan sencillo como parece. Con mucha frecuencia la comunidad cristiana, en particular el cristianismo evangélico, relega los fracasos morales y otros problemas que resultan del lado oscuro de nuestra personalidad a la esfera de la guerra espiritual y del ataque demoníaco.

A muchos líderes cristianos se les ha enseñado a culpar al "enemigo" de sus fracasos en el liderazgo. Cuando un líder comete adulterio, desfalca dinero de la iglesia, o le agarran haciendo exhibicionismo, la explicación más frecuente que se escucha entre las filas de los fieles es: "Vaya, el diablo sin duda trabaja horas extra", con poca atención dada a las realidades de la disfunción humana. No es que estemos descartando por completo la guerra espiritual o la actividad demoníaca cuando se trata de caídas en el liderazgo. Claramente nos enfrentamos a un enemigo amenazador que se opone activamente al pueblo y a la obra de Dios; pero atribuir todos nuestros fracasos en el liderazgo al diablo o a la influencia demoníaca nos deja escaparnos. Cuando hacemos eso, trasladamos la responsabilidad por nuestros actos a un adversario espiritual ante el que evidentemente no tenemos fuerzas para resistir.

En lugar de vivir en negación o de racionalizar nuestro lado oscuro, necesitamos reconocer que el lado oscuro de nuestra personalidad es el resultado del desarrollo humano normal: todos tenemos uno. Eso no nos hace estar enfermos o ser malos, sino simplemente ser normales. Al igual que el resto de nuestra corrompida humanidad, nuestro lado oscuro puede ser redimido con ayuda sobrenatural. La negación es una enfermedad mortal de la que todo líder serio debiera ser vacunado. La escritora de asesinatos misteriosos, Sue Grafton, ha hecho una carrera del estudio del lado oscuro de las personas para proporcionar la base para muchas de sus novelas. Hablando seriamente en un reciente número de la revista *USA Weekend* ella dice: "Todos necesitamos mirar al lado oscuro de nuestra naturaleza: es ahí donde está la energía, la pasión. La gente tiene miedo de él porque tiene partes nuestras que nosotros nos ocupamos en negar".[2] Cuanto antes dejemos de negar la existencia de nuestro lado oscuro, antes dejaremos de culpar al diablo, a nuestros padres, a los frenos defectuosos, y a todas las demás razones posibles de nuestras luchas. Culpar a otros es uno de los síntomas de que se está produciendo la negación; siempre es más fácil negar que tengamos algún problema si podemos situar la culpa de nuestros defectos a los pies de otra persona.

No hay nada contra lo que sea tan difícil batallar como un enemigo invisible que sea un maestro del sigilo, que nunca se ve ni se oye pero que es devastador en su impacto. Tal es nuestro lado oscuro si no damos ese primer paso de reconocerlo e identificarlo.

EL PODER DE DIOS EN NUESTRA DEBILIDAD

Un incentivo importante que puede motivar al líder cristiano a reconocer el lado oscuro es la realidad bíblica de que el poder de Dios es más evidente en nosotros cuando reconocemos nuestras debilidades y encontramos nuestra fortaleza en su gracia suficiente.

La verdad es que nuestro lado oscuro puede ser una bendición disfrazada. Cuando reconocemos e identificamos nuestro lado oscuro, la magnitud de nuestra debilidad y fragilidad humanas puede parecer a veces abrumadora. Nos preguntamos si somos capaces de hacer nada con motivos puros; languidecemos bajo la poderosa tenaza de las malas actitudes, comportamientos y hábitos que se han estado formando durante toda una vida y somos conducidos al borde de la desesperación. Cuando se reconoce plenamente, libre de razonamientos y excusas, o bien levantaremos nuestras manos desesperados o bien seremos impulsados a clamar por la gracia de Dios en reconocimiento de nuestra total dependencia de Él.

Dios está más presente en nuestro mayor punto de debilidad y de necesidad si nosotros lo que hacemos es permitirle la entrada. Debemos deshacernos de las imágenes halagadoras y protectoras que hemos construido para nosotros mismos en un esfuerzo por ocultar nuestro lado oscuro. En cambio, debemos reconocer que es precisamente ahí, en las sombras, donde Dios puede obrar de manera más poderosa en nosotros y por medio de nosotros. De hecho, hay algo liberador y capacitador que comienza a ocurrir cuando, al igual que el apóstol Pablo, aprendemos a aceptar y reconocer nuestro lado oscuro:

> Y me ha dicho: Bástate mi gracia; porque mi poder se perfecciona en la debilidad. Por tanto, de buena gana me gloriaré más bien en mis debilidades, para que repose sobre mí el poder de Cristo. Por lo cual, por amor a Cristo me gozo en las debilidades... porque cuando soy débil, entonces soy fuerte.
>
> 2 Corintios 12:9-10

Pablo ve el reconocimiento de sus debilidades como un requisito previo para experimentar el poder de Dios en su vida y ministerio. Se puede decir sin miedo a equivocarse que si el gran apóstol pensaba que reconocer sus debilidades era necesario para recibir el poder de Dios, puede que también sea esencial para nosotros. Desde luego, esto viola nuestra naturaleza y todo lo que nos han enseñado con respecto al valor de la autosuficiencia y la autonomía personal. Hay que admitir que es una paradoja que no es bien recibida en el mundo actual de líderes de alto octanaje.

Cuando la familia de Sam decide viajar desde Nebraska a su ciudad natal de Spokane, Washington, la ruta escogida determina la naturaleza del viaje. El viaje puede hacerse recorriendo varios sistemas de autopistas interestatales. Dos de esas rutas requieren más tiempo, dinero, paciencia y aguante; requieren atravesar importantes cadenas de montañas a través de aparentemente interminables kilómetros de curvas. Como contraste, la tercera ruta es relativamente recta; acorta al menos un día de viaje, y con tres niños pequeños constantemente preguntando: "¿Hemos llegado ya?", es razón más que suficiente para tomarla. Antes aún de salir de Omaha, la familia de Sam debe decidir qué tipo de viaje será: relajado y agradable o difícil y cansado. Es difícil y costoso cambiar de ruta en mitad del viaje; es mejor para todos los que están implicados hacer la elección correcta antes aún de salir del garaje.

Así es nuestro viaje hacia el liderazgo que glorifica a Dios. Debemos hacer una elección. Podemos elegir reconocer nuestro lado oscuro, practicar un poco de transparencia delante de Dios y bajar nuestra guardia, sabiendo que Él comenzará su obra de refinamiento y capacitación en nosotros; o podemos escoger vivir en negación y hasta fingir delante de Dios, alimentando el continuo desarrollo de nuestro lado oscuro. El curso que escojamos determina la naturaleza de nuestro viaje de liderazgo y la condición en que llegaremos a nuestro destino final.

PUNTOS CLAVE

- El primer paso hacia sobreponerse a su lado oscuro es admitir que existe y comprender la forma que ha adoptado en su vida.

- Los líderes normalmente niegan el lado oscuro y luego culpan de sus fracasos a otros o a las circunstancias en lugar de asumir responsabilidad personal.

- Para recibir el poder de Dios para sobreponerse a su lado oscuro debe reconocer su existencia en su vida y reconocer la obra capacitadora de Dios por medio de él (2 Co. 12:9-10).

APLICACIÓN PERSONAL

1. ¿Reconoce usted el lado oscuro en su propia vida?

_____ Sí _____ No

2. ¿Qué forma ha adoptado el lado oscuro en su vida? Descríbalo brevemente en el espacio siguiente de modo tan preciso como le sea posible, observando cómo aparece en privado y en público en su vida.

3. ¿Cuáles son las experiencias del pasado que pueden haber conducido a su desarrollo en su vida?

4. ¿Cómo ha capacitado su vida y ministerio de forma positiva?

5. ¿De qué maneras ha erosionado su liderazgo?

Tome algún tiempo para reflexionar y orar, reconociendo su lado oscuro y descansando en la capacidad de Dios para fortalecerlo por medio de él. Lea en oración el pasaje de 2 Corintios 12:7-13.

14

PASO 2

EXAMINAR EL PASADO

Una vez que podamos admitir que tenemos un lado oscuro que hasta cierto grado afecta a nuestro ejercicio del liderazgo, podremos comenzar a explorarlo con seriedad y sinceridad. Es esencial que tal exploración comience con periodos de reflexión seria y a menudo dolorosa sobre nuestro pasado. También es vital que nos valgamos del ministerio penetrante y revelador del Espíritu Santo, quien puede guiarnos a toda verdad, verdad que nosotros enseguida mantendríamos encubierta.

LOS RECUERDOS QUE NOS FORMAN

Los líderes que han sido empujados a sorprendentes niveles de éxito e influencia mediante dolorosos recuerdos de la niñez son demasiado numerosos para enumerarlos aquí. El punto es que nuestro pasado de modo inevitable causa un impacto en nuestro presente. Debido a que algunos de nuestros recuerdos son dolorosos, hemos aprendido a empujarlos a los rincones de nuestra mente, esperando que se queden encerrados sin causar daños. En realidad somos la suma de las experiencias de nuestras vidas. Los líderes más exitosos y eficaces reconocen esto y son capaces de separar los hechos de la ficción en sus recuerdos de la niñez, a la vez que comprenden el papel que esos recuerdos han jugado en su desarrollo personal.

El propósito de examinar el pasado no es el de asignar culpabilidad, sino el de entendernos a nosotros mismos. Aunque nuestras reflexiones puede que nos conduzcan en algún punto a hablar con personas que hayan jugado papeles cruciales en nuestro desarrollo, echar la culpa es una práctica completamente infructuosa y en última instancia autodestructiva.

Comenzamos dirigiendo la vista hacia aquellas experiencias de la niñez que nos hayan impactado de un modo u otro. "Si quiere entenderse a usted mismo y a otros, mire las áreas de dolor, tristeza e ira", aconseja Sue Grafton.[1] Esos eventos no están limitados a cosas tan graves como el abuso físico en la niñez. Solo porque no hayan abusado de nosotros no significa que no hayamos experimentado otros eventos que nos hayan traumatizado en aquel momento. Todos hemos sido tocados por experiencias relativamente inofensivas que sin embargo nos han impactado de manera profunda. Warren Bennis ha dicho: "Dadas las presiones de nuestros padres y las presiones de nuestros iguales, ¿cómo se las arregla alguno de nosotros para emerger como un adulto cuerdo, y menos aún productivo?".[2] Todo líder ha tenido que aguantar experiencias vergonzosas y humillantes en la niñez que han dejado su marca indeleble. Esas experiencias son las mismas que hay que explorar y sobre las que hay que reflexionar si queremos comprender su pleno aunque sutil impacto en nuestro liderazgo. Muchas veces esas experiencias han creado las partes que nos faltan en nuestra pirámide de necesidades y nos siguen impulsando a lograr el éxito como adultos.

¿QUÉ ES LO QUE BUSCAMOS?

¿Qué eventos del pasado son los que buscamos? Los eventos son muchos y a menudo muy inocentes en naturaleza. Sin embargo, si sobresalen en nuestra memoria, sin duda merece la pena un examen más de cerca. Eventos como el divorcio o la muerte de nuestros padres requieren reflexión. Deberían explorarse los rechazos por parte de nuestros iguales o los intereses amorosos de adolescencia. La condición de nuestro aspecto durante la adolescencia no debiera pasarse por alto. Deben examinarse las afirmaciones crueles de amigos, las palabras exactas que seguimos dolorosamente recordando. Los fracasos académicos, los graves errores de juicio, las circunstancias familiares humillantes y muchas otras experiencias proporcionan todos ellas el forraje para nuestro lado oscuro, y debemos reflexionar en ellas en un esfuerzo por entender cómo pueden seguir afectándonos en la actualidad como adultos.

Este proceso no tiene la intención de ser un ejercicio de mórbida y microscópica introspección; no requerirá hipnosis ni ninguna otra disparatada sesión de terapia para ayudarnos a establecer contacto con nuestro "niño primario" o para expresar catárticos gritos de limpieza interior. En cambio, es un sencillo proceso de recordar. Es mirar atrás a nuestra vida y traer a la memoria aquellos eventos que nos hayan moldeado y que hayan dejado su marca memorable. Las cosas que no podemos recordar probablemente sean cosas que no nos impactaron profundamente.[3] Al examinar nuestro pasado, es vital recordar:

> No podemos cambiar las circunstancias de nuestra niñez, y mucho menos mejorarlas en esta época posterior, pero podemos traerlas a la memoria con sinceridad, reflexionar en ellas, entenderlas y así vencer su influencia sobre nosotros. La retirada puede convertirse en esperanza, la compulsión en voluntad, la inhibición en propósito, y la inercia en competencia por medio del ejercicio de la memoria y el entendimiento.[4]

Esa, en última instancia, es nuestra meta. Al identificar las experiencias que fueron formativas en nuestra vida es valioso recordar cómo nos sentimos en el momento de la experiencia. Cuando otros niños se burlaron de nosotros sin piedad debido a un problema de acné, ¿cómo nos sentimos? ¿En qué pensábamos en aquel momento?

¿Contraatacamos en silencio con: *Uno de estos días no se reirán. Algún día mi piel será perfecta; entonces veremos quién se burla de mí?* ¿Es posible que secretamente nos prometiésemos a nosotros mismos que haríamos todo lo que fuese necesario para llegar a ser atractivos y finalmente ganarnos los cumplidos de las mismas personas que se burlaron de nosotros? Cuando recordamos el rechazo de nuestros iguales, ¿podemos recordar lo inferiores que nos hizo sentirnos y la promesa que nos hicimos de hacer algo grande que demostrase que no éramos inferiores después de todo? La vez en que nuestro padre se negó a elogiarnos por esas calificaciones llenas de sobresalientes y un solo notable y, sin embargo, nos reprendió por no haber obtenido sobresalientes en todo, ¿cómo nos sentimos? ¿Decidimos en aquel momento ganarnos el elogio y la aprobación de nuestro padre sin importar lo que fuese necesario hacer? Tales son los sentimientos con los que necesitamos establecer contacto.

La razón de que sea importante traer a la memoria no solamente los eventos sino también los sentimientos que generaron es que muchas veces son esos mismos sentimientos los que siguen impulsando nuestro comportamiento como líderes en la actualidad. Es probable que hayan creado algunas de las necesidades no satisfechas en nuestra vida que puede que intentemos satisfacer como adultos mediante el ejercicio de nuestro liderazgo. Warren Bennis dice:

> Reflexionar en la experiencia es un medio de mantener un diálogo socrático consigo mismo, haciendo las preguntas correctas en los momentos correctos a fin de descubrir la verdad de usted mismo y de su vida. ¿Qué ocurrió en realidad? ¿Por qué ocurrió? ¿Qué me hizo eso a mí? ¿Qué significó para mí? De este modo, uno sitúa y se apropia del conocimiento que uno necesita o, de modo más preciso, recobra lo que uno sabía pero que había olvidado y se convierte, con la frase de Goethe, en el martillo en lugar del yunque.[5]

Debemos convertirnos en el martillo que comience a dar forma a nuestras errantes emociones y nuestro lado oscuro en lugar de ser el yunque sobre el cual nuestro lado oscuro nos golpea para hacernos a su propia imagen distorsionada. Esto solamente puede producirse a medida que seamos conscientes de algunos de esos eventos que hayan creado necesidades no satisfechas que nunca se satisficieron de manera adecuada. A medida que seamos conscientes de ellos, esos eventos estarán a la vanguardia de nuestra mente. Una vez allí, podemos examinar coherentemente cómo pueden estar impulsándonos *antes* de que nos hagan tomar la curva equivocada. Después de que hayamos recordado plenamente e identificado eventos concretos y los sentimientos que generaron, podremos tratar esos asuntos de modo eficaz y comenzar a desmantelar su poderosa influencia en nuestra vida y en nuestro liderazgo.

Tratar el pasado

Como resultado de su reflexión personal, puede hacerse evidente que debe usted hablar con una persona o corregir algún mal. Puede que eso sea necesario antes de que pueda sentirse liberado del poder de su lado oscuro. Si, por ejemplo, usted descubre que una de las experiencias de su niñez que le está impulsando en la actualidad es no haber recibido la aprobación de su padre, puede decidir que sería útil compartir con él sus sentimientos de manera no amenazante. Una vez más, no está usted culpando a su padre sino haciéndole saber cuál ha sido su descubrimiento personal y luego permitiéndole responder de la manera que él sienta que es la adecuada. Puede que usted quiera decir algo como: "Papá, siempre me he preguntado por qué he sentido tal necesidad de tener éxito e impresionar a otros, hasta el punto de trabajar demasiado. Ha sido recientemente cuando he comprendido que se debe a que en realidad intento impresionarte a ti. Siempre he querido asegurarme de que tú te agradases de mí y de no decepcionarte de ninguna manera". Al compartir con su padre de ese modo, usted no le ha culpado a él; en cambio, ha asumido responsabilidad personal de este elemento de su lado oscuro de manera muy concreta. Al expresar sus sentimientos, ha apartado el poder de la falta de aprobación de su padre sobre su vida. Este tipo de encuentro puede que necesite realizarse con amigos de la niñez, compañeros del instituto, padres u otras personas que tuvieron influencia en su desarrollo a lo largo de los años.

Otra manera en que puede que quiera tratar su pasado es escribiendo cartas que expresen sus emociones recientemente descubiertas. Puede usted enviar las cartas a las partes implicadas o puede que nunca las envíe, simplemente usándolas como vehículos para procesar sus sentimientos sobre el presente impacto de las experiencias de su pasado. Si tiene la intención de enviar las cartas, es vital que sean constructivas, sin echar la culpa a nadie.

Tratar su pasado en un esfuerzo por obtener libertad del poder de su lado oscuro casi sin ninguna duda implicará perdonar de alguna forma. Pocas cosas pueden controlarnos e inutilizarnos en el presente como los conflictos no resueltos y la ira del pasado. Neil Anderson, en su libro de éxito *Victory over the Darkness* (Victoria sobre la oscuridad) ha observado:

> El perdón es necesario para evitar caer en la trampa de Satanás. He descubierto en mi experiencia como consejero que la falta de perdón es el principal camino que Satanás usa para obtener entrada en las vidas de los creyentes. Pablo fomentó el perdón mutuo "para que Satanás no gane ventaja alguna sobre nosotros; pues no ignoramos sus maquinaciones" (2 Corintios 2:11). La falta de perdón es una invitación abierta a las ataduras de Satanás en nuestras vidas.[6]

Obviamente, esos mismos efectos afectarán a su capacidad de llevar a cabo un liderazgo equilibrado y centrado en Cristo. Debido a que Dios nos ha perdonado en Cristo, se nos requiere que tratemos con los demás del mismo modo: extendiendo misericordia en lugar de buscar venganza, y perdonando en lugar de guardar rencor. Esto puede ser especialmente difícil cuando la parte ofendida no ha reconocido aún el daño que él o ella han causado o se niega a admitir ni siquiera haber hecho algo que requiera perdón. Pero como seguidores de Jesucristo, se nos ha dicho: "Porque si perdonáis a los hombres sus ofensas, os perdonará también a vosotros vuestro Padre celestial; mas si no perdonáis a los hombres sus ofensas, tampoco vuestro Padre os perdonará vuestras ofensas" (Mt. 6:14-15). Su ejercicio de perdón puede que implique perdonar a otros por el modo en que le trataron a usted. Puede que también necesite perdonarse a sí mismo por los errores y los fracasos que siguen acosándolo y controlándolo. Sean cuales sean los problemas, la falta de perdón es una de esas cosas que hay que abordar antes de poder avanzar sin trabas. Este perdón puede mostrarse por medio de una carta o de contacto personal; el modo no es tan importante como el hecho de hacerlo.

Como ayuda para dar este paso de perdonar y tratar el pasado, recomendamos encarecidamente los "Doce pasos hacia el perdón" en el libro de Neil Anderson *Victoria sobre la oscuridad*.[7] Esos prácticos pasos le ayudarán a poner en práctica el etéreo concepto del perdón y le capacitarán para avanzar más allá de los problemas y conflictos del pasado que puedan estar inutilizándolo en el presente.

PUNTOS CLAVE

- El segundo paso hacia sobreponerse a su lado oscuro es examinar su pasado. Es crucial que se valga de la obra del Espíritu Santo para guiarle a toda verdad.
- Debiera comenzar por traer a la memoria los eventos que hayan modelado su vida y hayan dejado una marca indeleble. A medida que recuerde, debe identificar los sentimientos generados en su interior que siguen motivándolo como líder en el presente.
- Obtener libertad del poder de su lado oscuro implica extender perdón de alguna forma. Su ejercicio de perdón sin duda implicará a otros, pero incluye perdonarse a sí mismo.

APLICACIÓN PERSONAL

1. ¿Qué eventos de su pasado siguen viniéndole a la mente después de aquellos años? Enumérelos brevemente.

2. Describa en frases de una o dos palabras cómo se sintió o cómo se siente acerca de cada incidente.

3. Reflexione en cada uno de los recuerdos enumerados respondiendo a las siguientes preguntas.

   - ¿Qué ocurrió realmente?
   - ¿Por qué ocurrió?
   - ¿Qué me hizo a mí?
   - ¿Qué significó para mí en aquel momento?
   - ¿Qué necesidad no satisfecha dejó en mi vida?
   - ¿Cómo ha salido a la superficie esta experiencia en mi vida adulta?
   - ¿Dónde la veo en mi vida en la actualidad?

4. Basado en sus pensamientos sobre cada experiencia del pasado, ¿qué le está guiando Dios a que haga en el presente?

   - ¿Hay alguien con quien necesite hablar?
   - ¿Hay alguna carta que necesite escribir?
   - ¿Hay alguna llamada telefónica que necesite hacer?
   - ¿Hay alguna persona, grupo u organización a los que necesite perdonar?
   - ¿Hay alguna oración que necesite ofrecer a Dios?

5. ¿Qué hará usted? Vea Mateo 6:14-15.

15

P A S O 3

RESISTIR EL VENENO DE LAS EXPECTATIVAS

L os pasos de reconocer nuestro lado oscuro y de reflexión personal implican asuntos que tienen su fuente en nuestro interior. Son pasos que podemos dar en un esfuerzo por tratar las emociones y comportamientos que hasta cierto grado son autogenerados y autoimpuestos. Este tercer paso, como contraste, requiere de nosotros que confrontemos las expectativas que otros imponen sobre nosotros.

EL TEMOR DE DEFRAUDAR A OTROS

En su llegada a Escocia, el ministro norteamericano y dos de los miembros de la Junta de su iglesia estaban ansiosos por encontrarse con sus homólogos en un trabajo misionero al que habían sido comisionados para visitar. Proviniendo, como así era, de una fuerte iglesia evangélica en los Estados Unidos con una abundante herencia misionera, los hombres estaban ansiosos por ver las cosas emocionantes que se estaban logrando por medio del ministerio de esa iglesia a la que estaban apoyando. Cuando salieron del vagón de la lanzadera del aeropuerto al bordillo, subieron por las escaleras de piedra de cientos

de años de antigüedad que conducían a la rectoría. Antes de poder
llamar para anunciar su presencia, el pastor residente abrió la puerta
de golpe, y con sus brazos totalmente extendidos en un grandioso
gesto apropiado para una bendición eucarística, enfundó a los visi-
tantes en un cálido abrazo. *Ah, la calidez de la comunión cristiana se
extiende incluso hasta más allá del Atlántico*, pensaron los yanquis.

Después de los apropiados abrazos y saludos, el pastor escocés hizo
entrar a sus huéspedes a la comodidad del estudio revestido de madera y los dirigió hacia antiguas sillas de cuero que había al fondo. Era
una ocasión emocionante, una que requería una inauguración apro-
piada. El anfitrión alcanzó una caja de madera muy granulada que olía
a cedro. Cuando la abrió, sus invitados vieron un atesorado almacén
de cigarros escogidos. Con obvio orgullo, él ofreció un cigarro a cada
uno de sus invitados. Los dos hombres laicos se miraron con nervio-
sismo y luego miraron a su propio pastor, sin estar muy seguros de
cuál era el protocolo adecuado en aquella incómoda ceremonia. Con
rostros huraños que expresaban algo más que una ligera desaprobación, ambos hombres reclinaron la oferta. Sin embargo, su pastor
enseguida agarró un cigarro de la caja y lo encendió, admirando con
aprecio la espiral de espeso humo que se elevó hacia los travesaños que
atravesaban el techo. El rector escocés sonrió con satisfacción.

Después el escocés se dirigió hacia su aparador y recogió de él
cuatro pequeños vasos y una licorera de cristal que contenía un líqui-
do color caramelo. Los laicos parecía que sintieran náuseas. ¡Sin duda
esa era la razón de que el cristianismo hubiera muerto en el imperio
británico! Cuando regresaran a su hogar, se ocuparían de que la iglesia reconsiderase su apoyo económico para una operación tan carnal.
Ellos declinaron tomar el brandy con aún menos decoro que el que
habían mostrado al rechazar los cigarros. Su huésped en aquel punto
parecía preocupado, preguntándose si habría hecho algo incorrecto.
El pastor norteamericano, para gran disgusto de sus compañeros de
viaje, una vez más aceptó la oferta y dio un trago que le satisfizo.
Después de una hora de visita, de confirmación del itinerario a seguir
y de una bendición de despedida, los norteamericanos se fueron. Una

vez en el taxi, los hombres no dejaron pasar tiempo para lanzar un interrogante a su pastor.

—Pastor, ¡cómo pudo usted!—exclamó uno de los miembros de la Junta.

—¡No puedo creer que hiciera usted eso!—descargó el otro—. Creía que estábamos aquí para apoyar el ministerio y alentarlos en sus esfuerzos evangelísticos; ¡no es nada extraño que la Iglesia esté muerta aquí!

Después de un momento de silencio, el pastor respondió con algo más que un tono de indignación:

—Alguno de nosotros tenía que actuar como cristiano.

ACTUAR COMO CRISTIANOS

¿Qué significa actuar como cristiano? ¿Cuáles son las expectativas bíblicas y legítimas que pueden ponerse sobre los líderes espirituales? Hoy día muchos de los evangélicos de base catalogarían de altamente sospechoso el comportamiento del pastor en nuestra historia apócrifa. Aunque sus actos pudieran haber sido más coherentes con el ejemplo de Cristo y su corazón y sus motivos pudieran haber estado más en sintonía con los del Salvador, sobre la base de dos comportamientos externos contra los que claramente no se legisla en la Escritura, él sería juzgado como carnal en el peor de los casos o como poseedor de un juicio cuestionable en el mejor de los casos. Un pastor así estaría inmediatamente en peligro de perder el respeto y la credibilidad; de hecho, nos tememos que cualquier pastor evangélico en la actualidad que participase en una fiesta de bodas donde se sirviera alcohol, como Jesús hizo en Caná, enseguida sería acusado de tolerar un comportamiento pecaminoso, sin mencionar lo que se diría si el pastor fuese deprisa a una tienda a comprar más vino cuando la provisión de la familia se estuviese agotando.

En la subcultura evangélica de la actualidad parece que la respuesta a la pregunta: ¿Qué significa actuar como cristiano? está cada vez más en desacuerdo con la enseñanza de la Escritura. Tanto desde dentro como desde fuera, los líderes cristianos se enfrentan a un confuso y abundante menú de expectativas cuando se trata de ser un líder espiritual. Todo parece estar ya dictado, desde el lugar donde debieran vivir hasta lo que debieran hacer en su tiempo de ocio. Muchas de esas expectativas son generadas interiormente por los líderes mismos, mientras que otras han sido creadas y puestas sobre ellos por las personas a quienes dirigen. Al igual que los litúrgicos y las denominaciones tradicionales a las que enseguida acusamos de estar demasiado cargadas de tradiciones humanas, nosotros hemos desarrollado nuestras propias expectativas y estándares espirituales en una medida que no está enteramente apoyada por la Escritura que tenemos en tan alta estima. Nuestro legalismo es bienintencionado; sin embargo, es también bastante represivo y destructivo para aquellos que deben vivir y dirigir bajo su peso. Para demasiados líderes cristianos el grito liberador de la Reforma: *"sola scriptura"* ha sido olvidado. Al igual que los gálatas de antaño, puede que seamos culpables de intentar obtener nuestra santidad mediante esfuerzos y reglamentos humanos en lugar de mediante la obra santificadora del Espíritu Santo dentro de nosotros. ¿De dónde provienen esas expectativas extrabíblicas bajo las cuales laboramos? ¿Por qué parecen tener una influencia tan poderosa y hasta destructiva sobre nuestro comportamiento? Esos son algunos de los asuntos que debemos tratar en nuestro esfuerzo por sobreponernos al lado oscuro.

El poder y el dolor de las expectativas

Expectativas. ¿Qué son exactamente? La palabra misma se deriva obviamente de la raíz *esperar*, la cual en su forma más simple significa considerar algo razonable, debido o hasta necesario. Sin embargo, la palabra también puede significar estar obligado o atado por obligación. Cuando tenemos expectativas de un producto, como por ejemplo de una aspiradora, esperamos que funcione de manera razonable y lleve a cabo las tareas necesarias para las que la hemos comprado. Cuando una aspiradora regularmente no quita el polvo de nuestras alfombras, no estamos satisfechos con el producto porque nuestras expectativas no han sido satisfechas adecuadamente. Este parecería ser un escenario legítimo para la expresión de expectativas. De modo similar, podemos tener expectativas de personas. Por ejemplo, esperamos que nuestros hijos se comporten bien en la escuela. No esperamos que sean modelos de perfecto comportamiento, libres de todas las travesuras de su edad; eso sería antinatural. Tampoco esperamos que sus calificaciones sean todas de sobresaliente en todos los exámenes; eso sería irrealista. Sin embargo, sí que esperamos que demuestren respeto por sus maestros y obedezcan las instrucciones que estos dan; esperamos que realicen sus tareas lo mejor que puedan y realicen un honroso esfuerzo. Esas son expectativas razonables.

Aunque las expectativas son necesarias hasta cierto grado, pueden ser también una espada de doble filo en nuestras vidas. Por una parte, debiéramos tener sanas expectativas con respecto a nuestros hijos, cónyuges y líderes; esas expectativas comunican que tenemos confianza en ellos y creemos que son capaces de alcanzar cierto estándar de comportamiento o de logros. Esas sanas expectativas pueden motivar a las personas hacia las cuales están dirigidas a comportarse y a llegar más allá de su nivel actual. Por otra parte, cuando nuestras expectativas se vuelven irrealistas o están motivadas por el egoísmo, pueden llegar a ser muy destructivas en la vida de la persona hacia la cual están dirigidas. Cuando un padre espera que un hijo sea el primero de su clase en el instituto, esa expectativa pone una carga increíblemente pesada sobre el hijo. Cuando un esposo espera que su esposa mantenga la misma figura que tenía cuando era adolescente o se parezca a una de las impecables y famélicas supermodelos que los medios de comunicación muestran como el estándar de belleza femenina, sus expectativas pueden tener efectos muy negativos.

Como ve, las expectativas pueden impulsar a las personas hacia el logro o pueden producir dolor y fracaso. Lo mismo es cierto cuando se trata de las expectativas que ponemos sobre nosotros mismos como líderes y las expectativas que permitimos que otros pongan sobre nosotros. Muchas veces las expectativas —expresadas o no expresadas— que otros ponen sobre nosotros actúan como la fuerza impulsora que está detrás de nuestros logros y aspiraciones de tener éxito. Muchos líderes han logrado altos niveles de éxito debido a las expectativas de los demás. De hecho, ha habido muchos líderes, como el dictador español Francisco Franco, que han sido motivados a lograr niveles extraordinarios de éxito precisamente porque otros esperaban que fracasasen. Ya sean positivas o negativas, ya sean autoimpuestas o impuestas por los demás, las expectativas pueden influenciar poderosamente sobre nuestras vidas. Desgraciadamente, también pueden ser muy destructivas.

EXPECTATIVAS QUE DESTRUYEN

Durante los años ochenta un joven defensa de fútbol americano llamado Todd Marinovich cautivaba al mundo futbolístico. Todd era defensa en el equipo de los Troyanos de la universidad de Southern California y era un modelo de lo que debía hacerse en ese puesto.

Desde que Todd era niño, su padre, Marv, había planeado que él fuese un defensa en la universidad de SC, su propia alma máter. Con ese objetivo en mente, Marv puso el fútbol en la cuna de Todd antes de que este ni siquiera supiese hablar. El padre de Todd le hacía seguir una dieta libre de todo aditivo alimentario. Nada más excepto germen de trigo y fruta fresca era lo bastante bueno para un futuro defensa profesional. Cuando el joven Todd asistía a la fiesta de cumpleaños de algún amigo, no se le permitía disfrutar del pastel de cumpleaños junto con los demás niños; en lugar de eso, él se comía la sana comida que su padre había preparado para él. Cuando llegó a la adolescencia no había Big Macs o Whoppers para Todd, y no se permitían batidos ni barritas de chocolate. Él iba a ser una estrella y había un precio que pagar. Desde su más tierna infancia Todd trabajó con un entrenador profesional para ayudarlo a esculpir su flaco cuerpo y convertirlo en una imagen de belleza atlética. Había otro entrenador que afinaba su movimiento a la hora de hacer lanzamientos y seguía refinándolo con horas de práctica, todo bajo el ojo expectante de su padre.

Cuando llegó el momento en que Todd llegó a la universidad de SC todo el mundo futbolístico hablaba de él. Siendo estudiante de primer año ya le habían pronosticado ser un potencial candidato al trofeo Eximan Trophy y ser el siguiente Bart Starr o Johnny Unitas. Pero algo inesperado le ocurrió a Todd en el camino hacia ser profesional. En su penúltimo año en la universidad de SC comenzó a tener dificultades para controlar su comportamiento, y con frecuencia estaba en desacuerdo con su entrenador. Mientras que Marv Marinovich continuaba dirigiendo la carrera de su muchacho, el muchacho comenzaba a tambalearse peligrosamente fuera de control. No mucho tiempo después, Todd se saltaba entrenamientos y ponía en peligro las perspectivas de éxito de todo su equipo. Comenzó a experimentar con drogas, y permitió que su cabello anteriormente cortado al rape cayese en cascada hasta sus hombros en brillantes mechones rojos. Después de solo dos años en la universidad de SC Todd Marinovich, el defensa de primera categoría, preparado por un padre que lo adoraba para un futuro viaje hacia el salón de la fama del fútbol americano profesional, iba camino al enfrentamiento con el lado oscuro.

En un intento por recuperar parte de la fuerza de la carrera de Todd que se evaporaba con toda rapidez, su padre orquestó un movimiento que hizo que abandonase la universidad de SC y firmase un contrato con el equipo de Los Angeles Raiders, conocido desde hacía tiempo por sus renegados jugadores. En la mente de Marv, Todd sencillamente estaba demasiado avanzado para el fútbol universitario; quizá estaba siendo retenido por un sistema restrictivo que no reconocía los extraordinarios talentos de un prodigio. Pero Todd tampoco pudo lograrlo con los Raiders. En cambio, optó por la carrera de artista de playa, disfrutando por primera vez de una existencia desencadenada y libre de las reglas y las expectativas que le estaban estrujando la vida.

Todd Marinovich es un ejemplo del poder destructivo de las expectativas que pierden los estribos. El listón se había situado tan alto para Todd que no había manera en que él pudiese mantener el nivel de rendimiento necesario para saltarlo. ¿Su respuesta a la presión? Correr en dirección contraria y romper todas las reglas. Sean jóvenes prodigios del deporte como Todd Marinovich y la estrella caída del tenis Jennifer Capriati, artistas como la estrella de cine Macaulay Culkin, o ministros y otros líderes cristianos, el peso de las expectativas puede causar que hasta la persona más sumisa y bienintencionada se parta bajo la pesada carga.

NO SOLO PADRES DEL FÚTBOL

Es muy triste que un joven con tanto potencial pueda ser empujado hasta el punto de la desesperación y la peligrosa rebeldía por algo tan aparentemente benigno como las expectativas. Sin embargo, vemos la misma dinámica cada vez con mayor frecuencia también dentro de las filas del liderazgo espiritual. Hay demasiados hombres y mujeres que entran a formar las filas del liderazgo espiritual en la actualidad llevando la pesada carga de las expectativas irrealistas.

Durante sus carreras en el seminario, esos jóvenes líderes han sido expuestos al increíble éxito de iglesias como Willow Creek Community Church, Saddleback Valley Community Church, Cristal Cathedral y otras megaiglesias de menor renombre que crecen con mucha rapidez, y la expectativa no expresada es que ellos también alcanzarán un éxito igual. Les dan instrucciones sobre las últimas técnicas de marketing y metodologías que prometen una asistencia de cientos de personas el día de la apertura, y ellos comienzan a hacer planes para proporcionar liderazgo a una iglesia que repentinamente tenga doscientas personas. Quienes establecen iglesias abandonan los pasillos cubiertos de hiedra del seminario listos para edificar la siguiente megaiglesia y sienten como algo seguro que serán el tema de un reportaje especial de Peter Jennings o un resplandeciente perfil en un número de la revista *Christianity Today*. Carecen por completo de la preparación para las realidades de la vida en las trincheras del establecimiento de iglesias. Entonces, cuando el éxito no llega con la rapidez y la grandiosidad que ellos esperaban, cuando sus expectativas se chocan contra el muro de la realidad, el abismo que hay entre sus expectativas y la realidad se convierte en una crisis que tambalea su ministerio. Lo mismo es cierto también para otros líderes espirituales. Ya sea un consejero cristiano con expectativas de construir la siguiente clínica Minirth-Meier, el administrador de una universidad cristiana del que se espera que lleve su escuela al mismo nivel que Wheaton College, el joven evangelista de quien se espera que sustituya al anciano Billy Graham, o el líder de una organización sin ánimo de lucro que planea cambiar el mundo, las expectativas pueden situar a los líderes en la posición adecuada para una tremenda caída.

En la mayoría de los casos esos desengaños se ven alimentados por una peligrosa combinación de expectativas tanto internas como externas. Muchos de los que aspiran a puestos de liderazgo, en particular al liderazgo de alto nivel, llevan con ellos sus propias expectativas latentes que han sido creadas por su lado oscuro. Han establecido una alta norma para sí mismos, y muchas veces ellos son sus peores críticos. Por eso cuando sus expectativas de éxito arrollador y reconocimiento nacional se mezclan con las expectativas de una denominación o una Junta, el elixir resultante puede ser bastante tóxico. Bajo su influencia, muchos líderes han encontrado su camino hacia los brazos de un amante secreto en un intento desesperado de validación personal. Otros han recurrido al uso de la pornografía o a otros comportamientos autodestructivos como manera de escapar a la presión de las expectativas que no han podido satisfacer.

Las expectativas irrealistas se intensifican debido a su efecto cumulativo.

Las expectativas puestas sobre un pastor y su familia por sí mismos y por los demás se combinan para formar una lista cumulativa de obligaciones que muchas veces no es ni bíblica ni razonable. Esto se debe a que las expectativas son tanto numerosas como contradictorias.

Toda persona en una congregación dada viene a la iglesia proviniendo de diferentes trasfondos. Algunos son viejos. Algunos son jóvenes. Algunos provienen de iglesias rurales donde participaban en casi todas las facetas de la vida de su iglesia. Otros vienen de grandes iglesias en zonas residenciales donde había un programa para todo. Algunos no tienen ningún trasfondo eclesial y, por tanto, no saben qué esperar (benditos ellos). El pastor tiene su propio trasfondo y sus propios héroes. Todo esto significa que hay cientos de diferentes listas de expectativas sobre el pastor. Tarde o temprano el pastor se entera de todas ellas. Ya que su bienestar profesional descansa en la buena voluntad de la congregación a la cual sirve, hace todo lo que puede para satisfacer esa cumulativa lista de expectativas.[1]

Los pastores y otros líderes siempre se han enfrentado a expectativas irrealistas. La dificultad hoy día es que cada individuo tiene su propio conjunto de expectativas, y normalmente se está de acuerdo en pocas de ellas. De este modo, la intensidad de las expectativas se multiplica, creando una carga que raras veces se experimentaba en tiempos pasados. En 1995 el Dr. Robert Edmondson encuestó y entrevistó a treinta pastores que habían abandonado el ministerio pastoral permanentemente y a treinta iglesias que habían perdido a sus pastores. El Dr. Edmondson descubrió que la segunda razón que guió a los pastores a abandonar el ministerio era las expectativas no escritas para el pastor (la primera razón era el "agotamiento").[2]

Debido a que la influencia de las expectativas es tan poderosa, muchos líderes a menudo viven la vida a un ritmo peligrosamente frenético en un esfuerzo por cumplir con todas ellas y satisfacer a todas las personas que las han expresado. Desgraciadamente, eso muchas veces es contraproducente. Cuanto más trabajan ellos para satisfacer todas las expectativas, mayor es el número de expectativas que se ponen sobre ellos. Ellos crean para sí mismos la reputación de ser la persona a quien hay que acudir cuando hay un gran proyecto que necesite hacerse bien y, como resultado, en lugar de aminorar el crescendo de expectativas a su alrededor, sus frenéticos y exitosos esfuerzos en realidad contribuyen a aumentar las expectativas. Se convierte en un círculo vicioso. Ese ritmo no puede mantenerse indefinidamente. Después de un prolongado periodo de una vida tan frenética, la maquinaria interna del líder se apaga, y él o ella se detienen en seco.

TODA MÁQUINA NECESITA ACEITE

Cuando tenía doce años, Sam era el orgulloso dueño de un cochecito de niño impulsado por un pequeño motor de cortacésped de doble ciclo. Él era el muchacho más popular en toda la manzana. Antes de darle bandera verde en el patio de la escuela elemental local, el papá de Sam le explicó lo importante que era comprobar el aceite del motor cada vez que se le echase gasolina. Debido a que el pequeño motor de ese cochecito tenía que trabajar extra, el no mantenerlo bien lubricado podría causar que los pistones se quedasen inmóviles en sus cilindros. Un día Sam iba por el patio a velocidades que rozaban los veinte kilómetros por hora, zigzagueando por los postes del juego de tetherball como Danny Sullivan en una carrera de Fórmula Uno, con el viento pasando entre su cabello y la música de los pequeños Briggs y Stratton sonando, cuando el motor se detuvo sin previo aviso, haciéndole dar vueltas fuera de control. Él no había comprobado el aceite. La alegría de ser dueño de un cochecito terminó. El motor no pudo funcionar por más tiempo sin aceite y, entonces, simplemente se detuvo.

El mismo principio se aplica a los líderes. Todo líder necesita mantener su motor bien lubricado para poder rendir con óptima eficiencia. Podemos funcionar a un ritmo frenético, impulsados por las expectativas de los demás y de nosotros mismos, solo por un tiempo antes de detenernos y dar vueltas peligrosamente fuera de control.

QUEMAR EL MOTOR

A la edad de veintiocho años Janet es una exitosa mujer de negocios cristiana, sirviendo como gerente de nivel medio en una empresa internacional. Ella ha ascendido con rapidez dentro de su empresa y se espera que dentro de no mucho tiempo compita por el puesto de vicepresidente. Está casada y es madre de dos niñas y un niño. Ella y su esposo son activos en su iglesia, y Janet sirve en varios puestos de liderazgo. Ella es una persona influyente que es respetada por quienes trabajan con ella y tiene la reputación de hacer las tareas con excelencia. Exteriormente Janet es un cuadro de compostura y organización, la envidia de muchos que la conocen.

Sin embargo, no todo va bien en la vida de Janet. Trabaja bajo una carga casi insoportable de expectativas que ella ha puesto sobre sí misma al igual que de expectativas que siente por parte de sus padres, su esposo, sus amigas y otros líderes en la iglesia. Janet siente que se espera de ella que sea la madre perfecta para sus hijos y la esposa amorosa para su esposo. Sus padres esperan de ella que sea una hija obediente que refleje bien el nombre de la familia, y Dios espera que ella sea una líder fiel. Al mismo tiempo, ella siente las expectativas de las amigas de mantener las relaciones íntimas de las que disfrutaban en el instituto. Debido a que Janet tiene temor de defraudar a alguien, vive su vida a un ritmo vertiginoso, tratando de mantener en el aire numerosas bolas al mismo tiempo. Desgraciadamente, cuanto mejor es capaz de hacer eso y mantener su apariencia exterior de compostura, más bolas siente que le lanzan. Dejar caer una de las bolas no es una opción para Janet.

Recientemente, el esposo de Janet ha comenzado a preocuparse. Janet ha estado reservándose algunas horas extrañas y participando en un comportamiento no característico de ella. En meses recientes a menudo se ha reunido con sus amigas más jóvenes y solteras después del trabajo para tomar unas copas en un club local frecuentado por muchos jóvenes profesionales. Aunque eso en sí mismo no es algo malo ni pecaminoso, el problema es que ella ha estado fuera de casa hasta la 1:00 o las 2:00 de la madrugada sin decirle a su esposo dónde estaba o cuándo llegaría a casa. En lugar de pasar el poco tiempo discrecional que tiene en su casa con su familia, ella ha optado por pasarlo con amigos casuales que no están casados, no tienen familias y no comparten su perspectiva cristiana.

Esas excursiones con sus amigas y la inocente rebelión contra su vida estructurada son la manera que tiene Janet de soltar presión; es su manera de equilibrar las expectativas bajo las que vive y encontrar una medida de alivio a su desplomadora carga. Janet es consciente de la destructiva dinámica que está funcionando en su vida, y comenzará a tratar los problemas que la han creado antes de que sea demasiado tarde.

DEMASIADO TARDE PARA ALGUIEN

Hay líderes espirituales demasiado numerosos para mencionarlos aquí, muchos de ellos pastores, que están enredados en la misma batalla que Janet. En sus intentos por estar a la altura de sus propias expectativas y de las que perciben por parte de su congregación, los líderes de la denominación, Dios, sus padres y casi todos los demás, viven cerca de la línea roja, cerca del límite. Sienten la expectativa de ser perfectos: ninguna película no tolerada de ningún tipo, pues alguien podría descubrirlo; ningún vaso de vino con una buena comida, pues el molino del rumor se enteraría; olvidar ciertos tipos de música, pues algún feligrés podría catalogarlo de carnal; de un baile con su cónyuge ni hablar; ciertos programas de televisión están fuera del límite *ipso facto*; conducir autos fabricados en otros países reventaría la burbuja de alguien; y vivir en un barrio en particular invitaría a las preguntas sobre la sinceridad del ministro y su compromiso a servir. Hay que añadir a esas prohibiciones las expectativas normales que se ponen sobre los pastores: asistir a todos los servicios, visitar a los enfermos, estar disponible a todas horas. La presión se hace insoportable.

La sofocante lista de expectativas extrabíblicas continúa más y más. Tarde o temprano esos líderes deben subir a por aire. Después de vivir en esa reprimida condición durante un prolongado periodo de tiempo, es común encontrar a esos líderes (que nunca soñaron con ver una película no tolerada o tocar una gota de alcohol) enredados en una aventura extramatrimonial. Tal fue el caso de Jimmy Swaggart. Después de años de predicar un estándar legalista de santidad basado en el comportamiento humano y la necesidad de evitar toda forma de "carnalidad", su explosión se produjo en una habitación de hotel donde le encontraron con una conocida prostituta. El vapor producido por vivir dentro de tal olla a presión siempre buscará la forma de salir; y si no puede salir causará una explosión.

Al igual que un cochecito, esos líderes necesitan desesperadamente algo que reduzca la fricción y la presión creadas por las expectativas irrealistas. ¿Dónde podemos encontrar ese aceite protector y liberador? ¿Qué podemos hacer para reducir la fricción y la presión creadas por las expectativas irrealistas, ya sea las que nosotros mismos nos hemos impuesto o las que hemos permitido que otros nos impongan? Sugiramos un aceite que permita que nuestros motores comiencen de nuevo a funcionar con suavidad. Ese aceite puede restaurar el gozo y la libertad para el ejercicio de nuestro liderazgo.

EL ACEITE DE LA GRACIA

Más que ninguna otra cosa, un adecuado entendimiento y aplicación personal de la gracia de Dios puede liberarnos del veneno y la presión de las expectativas irrealistas. Si hubo alguien que comprendió la presión de las expectativas irrealistas, fue Jesús. Él entró en un ambiente de liderazgo donde las expectativas estaban a la orden del día. Los fariseos habían convertido las expectativas de las vidas de otros en una especial forma de arte. Jesús caracterizó a los fariseos como personas que

> ...atan cargas pesadas y difíciles de llevar, y las ponen sobre los hombros de los hombres; pero ellos ni con un dedo quieren moverlas... hacen todas sus obras para ser vistos por los hombres. Pues ensanchan sus filacterias, y extienden los flecos de sus mantos.
>
> MATEO 23:4-5

Los fariseos eran legalistas que "coláis el mosquito, y tragáis el camello" (Mateo 23:24). Eran líderes que, debido a sus rígidos y legalistas estándares, exteriormente aparentaban justicia pero interiormente estaban llenos de hipocresía e iniquidad (Mt. 23:28). Estaban prontos para poner sus expectativas no solo sobre las personas a quienes dirigían, sino también sobre otros líderes como Jesús. Ellos demandaban que Él cumpliese sus expectativas, pero Jesús se negó a aceptar las expectativas de otros. Él las hizo pedazos. Debido a que Él no encajaba en el molde de ellos, fue catalogado de "comilón, y bebedor de vino, amigo de publicanos y de pecadores" (Mt. 11:19). A pesar de las etiquetas, Jesús insistió en vivir en la gracia, responder ante su Padre celestial y ser fiel a la misión para la cual había sido enviado. A quienes trabajaban bajo la pesada carga de las expectativas puestas sobre ellos por los fariseos y la clase dirigente opresiva y religiosa, Jesús dijo:

Venid a mí todos los que estáis trabajados y cargados, y yo os haré descansar. Llevad mi yugo sobre vosotros, y aprended de mí, que soy manso y humilde de corazón; y hallaréis descanso para vuestras almas; porque mi yugo es fácil, y ligera mi carga.

MATEO 11:28-30

En toda la Escritura se nos alienta a vivir vidas de libertad, no de legalismo, disfrutando plenamente de la gracia de Dios:

Así que, si el Hijo os libertare, seréis verdaderamente libres.

JUAN 8:36

Por tanto, nadie os juzgue en comida o en bebida, o en cuanto a días de fiesta, luna nueva o días de reposo, todo lo cual es sombra de lo que ha de venir; pero el cuerpo es de Cristo. Nadie os prive de vuestro premio [la libertad proporcionada por la gracia de Dios] vanamente hinchado por su propia mente carnal... Pues si habéis muerto con Cristo en cuanto a los rudimentos del mundo, ¿por qué, como si vivieseis en el mundo, os sometéis a preceptos tales como: No manejes, ni gustes, ni aun toques?... Tales cosas tienen a la verdad cierta *reputación* de sabiduría en culto voluntario, en humildad y en duro trato del cuerpo; pero no tienen valor alguno contra los apetitos de la carne.

COLOSENSES 2:16-23 (énfasis de los autores)

Estad, pues, firmes en la libertad con que Cristo nos hizo libres, y no estéis otra vez sujetos al yugo de esclavitud.

GÁLATAS 5:1

Porque la ley del Espíritu de vida en Cristo Jesús me ha librado.

ROMANOS 8:2

Y conoceréis la verdad, y la verdad os hará libres.

JUAN 8:32

Obviamente, hay una responsabilidad correspondiente que viene con la gracia y la libertad de Dios. No debemos ejercitar nuestra libertad a expensas del bienestar espiritual de otros creyentes; no debemos usar nuestra libertad como licencia para participar en una libertad sin restricciones que nos lleve al pecado. Como dice Pablo: "a libertad fuisteis llamados; solamente que no uséis la libertad como ocasión para la carne, sino servíos por amor los unos a los otros" (Gl. 5:13).

Sin embargo, mientras no permitamos que nuestro ejercicio de libertad lleve a la violación de prohibiciones y principios expresos de la Escritura o cause la ofensa destructiva de un creyente inmaduro, somos libres para disfrutar de lo que Dios ha proporcionado. Pablo reafirma este principio:

> El que come, no menosprecie al que no come, y el que no come, no juzgue al que come; porque Dios le ha recibido. ¿Tú quién eres, que juzgas al criado ajeno? Para su propio señor está en pie, o cae; pero estará firme, porque poderoso es el Señor para hacerle estar firme.
>
> ROMANOS 14:3-4

En lugar de permitir que otros dicten nuestro comportamiento ante Dios, seríamos mucho más sabios y más sanos si siguiéramos la advertencia de Pablo de seguir nuestra propia conciencia bajo la dirección del Espíritu Santo. "¿Tienes tú fe? Tenla para contigo delante de Dios. Bienaventurado el que no se condena a sí mismo en lo que aprueba" (Ro. 14:22). Necesitamos comprender que el legalismo es siempre un intento humano para legislar la santidad y usurpar la obra restrictiva y controladora del Espíritu Santo en la vida del creyente. Requerir a otros que vivan según expectativas legalistas expresa que no creemos que el Espíritu Santo de Dios pueda realizar el trabajo.

Charles Swindoll, el prolífico escritor que también sirve como presidente del seminario Dallas Theological Seminary, ha afirmado: "Si alguien necesita respirar libertad, sumarse al Despertar de la Gracia, ¡quienes están en el servicio cristiano vocacional lo necesitan!". Continúa: "Puedo decirle sin vacilación que uno de mis principales objetivos para el resto de mis años en el ministerio es proporcionar más y más respiraderos para colegas ministros que han perdido el gozo de la libertad, que saben poco del encanto de la gracia".[3]

Si queremos sobreponernos al poder del lado oscuro, requerirá resistir el veneno de las expectativas extrabíblicas, irrealistas y legalistas a favor de la gracia liberadora de Dios. Necesitaremos identificar las numerosas fuentes de las expectativas que nos han atado y luego rechazarlas con firmeza. Esté avisado. No será una tarea fácil para quienes hayan vivido bajo su peso por muchos años, como sugiere Charles Swindoll:

> Ser libre, disfrutar de su libertad y permitir a otros el mismo disfrute es difícil de hacer si es usted inseguro. Es especialmente difícil de hacer si fue usted criado por padres legalistas y guiado por pastores legalistas con una conciencia demasiado sensible hacia agradar a todo el mundo. Ese tipo de padres y de pastores puede ser ultracontrolador, manipulador y farisaico. Frecuentemente ellos usan la Biblia como martillo para golpear a las personas a la sumisión en lugar de como guía para dirigir a otros hacia la gracia. A veces se necesitan años para que las personas que han estado bajo una nube de legalismo finalmente tengan la valentía de caminar libremente en la gracia de Dios.[4]

Aunque la tarea puede que no sea fácil, aplicar el aceite de la gracia a nuestras vidas dará como resultado una medida de gozo y libertad que nos ayudará a proporcionar el tipo de liderazgo equilibrado que dará honra a Dios, atraerá a otros a Cristo y nos satisfará como líderes.

PUNTOS CLAVE

- El tercer paso hacia sobreponerse a su lado oscuro es resistir el veneno de las expectativas irrealistas.
- Las expectativas son una espada de doble filo que le propulsa hacia el logro o le carga y le agobia con el fracaso. Las expectativas irrealistas producen fricción y presión en su vida que finalmente conducen al agotamiento.
- Aplicar el aceite de la gracia de Dios a su vida y a su liderazgo es el único camino seguro para liberarse del veneno de las expectativas irrealistas.

APLICACIÓN PERSONAL

1. ¿Ha sentido usted alguna vez la carga de demasiadas expectativas o de expectativas demasiado elevadas? Si es así, describa algunas de ellas.

2. ¿Qué sentimientos provocaron tales expectativas?

3. ¿Está usted trabajando bajo expectativas irrealistas en su vida en este momento? ¿Cuáles son? ¿Cómo encajan en lo que usted ha identificado como su lado oscuro?

4. ¿Qué cree que Dios espera de usted en su situación actual? ¿Cómo se comparan esas expectativas con las que usted enumeró en su respuesta anterior?

5. ¿Cómo puede aplicar el aceite de la gracia a su situación? ¿Qué paso puede dar hoy para aliviar algunas de las expectativas en su vida? Vea Mateo 11:28-30; Colosenses 2:16-23.

16

P A S O   4

PRACTICAR EL AUTOCONOCIMIENTO PROGRESIVO

Además de los tres pasos anteriores, obtener alguna medida de control sobre nuestro lado oscuro implicará el proceso continuo de reunir conocimiento sobre nosotros mismos mediante la práctica de disciplinas concretas y el uso de ciertas herramientas. Esas disciplinas y herramientas nos proporcionarán un flujo continuo de información sobre nosotros mismos que podemos utilizar en un esfuerzo por comprendernos a nosotros mismos y sobreponernos a nuestro lado oscuro en lugar de ser controlados pasivamente por él.

DISCIPLINAS ESPIRITUALES

Una de las realidades más perturbadoras acerca de los líderes espirituales en la actualidad es el creciente número de ellos que no dedican tiempo coherentemente a las disciplinas espirituales personales. Demasiados líderes en la actualidad no se exponen a sí mismos a la sonda escudriñadora del Espíritu Santo mediante la lectura de las Escrituras.

Según el apóstol Santiago, mediante la Escritura podemos obtener el autoconocimiento preciso tan necesario para el ejercicio de un liderazgo exitoso.

Pero sed hacedores de la palabra, y no tan solamente oidores, engañándoos a vosotros mismos. Porque si alguno es oidor de la palabra pero no hacedor de ella, éste es semejante al hombre que considera en un espejo su rostro natural. Porque él se considera a sí mismo, y se va, y luego olvida cómo era. Mas el que mira atentamente en la perfecta ley, la de la libertad, y persevera en ella, no siendo oidor olvidadizo, sino hacedor de la obra, éste será bienaventurado en lo que hace.

SANTIAGO 1:22-25

Qué fácil es olvidar el tipo de persona que realmente somos cuando descuidamos el espejo de la Escritura. La razón de nuestro descuido es que nuestra imagen tal como es reflejada por el espejo santo no es a menudo halagadora. Nos obliga a abordar las realidades de nuestra depravación y el lado oscuro que ha producido. ¡Es mucho más cómodo vivir negando nuestra verdadera naturaleza! Debemos comprender que una exposición coherente a la Escritura nos proporcionará el autoconocimiento más preciso disponible para nosotros.

Retiros personales

Otro aspecto de la disciplina espiritual para cualquier líder cristiano es un retiro personal periódico. Es vital alejarse de las ocupaciones de las responsabilidades del ministerio y el liderazgo para reflexionar en nuestro propio estado espiritual. ¿Cuándo hemos comenzado a ser descuidados en nuestra vida cristiana? ¿Qué hemos estado descuidando? ¿Cuál es el estado actual de nuestras relaciones más importantes? ¿Cuán bien hemos estado administrando nuestro tiempo? ¿Qué quiere Dios decirnos y cómo le gustaría dirigirnos como los líderes de su pueblo? Todos esos son asuntos que pueden abordarse en el contexto de un retiro personal.

Tales retiros debieran ser regularmente programados al menos durante un periodo de veinticuatro horas en un escenario que nos proporcione la máxima intimidad y soledad. Muchas veces los monasterios locales y los centros de retiros proporcionan una localización muy agradable y barata para tal propósito. Es importante, para que el retiro cumpla con su propósito, que enfoquemos nuestro día de retiro con una agenda para que no nos limitemos a pasar el día. Una herramienta útil para planear tales retiros puede encontrarse en *How to Conduct a Spiritual Life Retreat* [Cómo conducir un retiro de vida espiritual] por Norman Shawchuck, Reuben Job y Robert Doherty (El Aposento Alto, 1986). De particular interés son los capítulos 4 y 6 sobre el retiro guiado personalmente y el retiro privado.

Es difícil sobrestimar el valor de esta importante disciplina en la vida del líder. Incluso Jesús durante un ocupado calendario ministerial con una cantidad limitada de tiempo para llevar a cabo sus tareas estaba comprometido a pasar tiempos regulares a solas con Dios. Los Evangelios hablan a menudo de Jesús apartándose a un lugar tranquilo para estar con su Padre. Si Cristo se disciplinó a sí mismo de ese modo, es mucho más importante que nosotros hagamos lo mismo.

Lectura devocional

Otra disciplina espiritual que puede ahorrarnos mucho dolor y evitar muchos problemas en nuestro ejercicio del liderazgo es la lectura devocional, escrita por líderes espirituales que nos han precedido. No es simplemente leer tomos de teología o de novelas escritas por escritores cristianos, sino centrarnos en los escritos de líderes cristianos que hablan de cómo Dios ha obrado en sus vidas y por medio de ellas, en un esfuerzo por ver cómo Dios puede querer obrar también en nuestras vidas. Los escritos de Richard Baxter, Watchman Nee, Eugene Peterson, E. Stanley Jones, Thomas á Kempis, Henri Nouwen, Charles Swindoll y muchos otros proporcionan al líder en desarrollo una riqueza de lecciones a aprender, prácticas que comenzar y errores a evitar. Esta lectura devocional debiera ser parte de la rutina diaria del líder.

Escribir un diario

La práctica de escribir un diario implica poner la propia vida sobre papel... como proceso clarificador: "¿Quién soy yo? ¿Qué estoy haciendo y por qué? ¿Cómo me siento con mi vida, mi mundo? ¿De qué maneras estoy creciendo o cambiando?".[1]

Si hay algo que los líderes necesitan a medida que persiguen el autoconocimiento y la comprensión, es la capacidad de aclarar los temores, motivos, inseguridades y otras emociones que acechan en el interior bajo la superficie de su imagen de liderazgo público. Mantener un diario nos obliga a ser sinceros con nosotros mismos, y posiblemente sea el único lugar donde podamos ser de verdad nosotros mismos, con todas nuestras imperfecciones. En nuestro diario podemos finalmente explorar nuestros sonidos interiores y darles definición y forma. Los seguros confines de nuestro diario pueden ayudarnos a admitir sentimientos de celos, de egoísmo y de orgullo. Dentro de esas terapéuticas páginas podemos sentirnos libres para identificar esos impulsos y compulsiones interiores que nos empujan. El sencillo acto de escribirlos en papel, en blanco y negro, reduce su poder sobre nosotros hasta cierto grado.

Si ha seguido usted los pasos en los capítulos 13 al 15 para sobreponerse a su lado oscuro, su diario puede entonces ser el lugar donde usted llegue a conocerse a sí mismo íntimamente, un tipo de autobiografía espiritual. Sin embargo, su diario solamente será útil hasta el grado en que usted sea sincero consigo mismo. Es importante recordar a medida que escribe el diario que el río del autoengaño y la negación fluye con tanta profundidad y rapidez que sus esfuerzos iniciales por vadearlo pueden terminar siendo arrastrados por la corriente. Habrá una constante tentación de dibujarse a sí mismo bajo la luz más favorable. El impulso será fuerte para dejar fuera algunos de sus comportamientos y actos más feos y más negativos. Cuando sucumbe usted a esos impulsos, está siendo llevado por la corriente de la autonegación y el engaño. Simplemente el acto de escribir un diario no será útil si no puede ser usted sincero y examinar sus escondrijos interiores. Pero en lugar de decepcionarse y abandonar, necesita usted persistir hasta que finalmente sea capaz de atravesar las profundidades.

Como hemos visto, las disciplinas espirituales incluyen algo más que una breve lectura de una guía devocional preparada. Las disciplinas también incluyen retiros personales, lecturas devocionales, la escritura de un diario y extensos periodos de oración y ayuno cuando sea apropiado. Todas esas disciplinas proporcionan una mayor oportunidad para que el Señor obre en la vida del líder.

Sin embargo, muchos líderes argumentan que no tienen tiempo para mantener tal régimen de disciplinas. No sienten que puedan justificar tomarse un día o dos al mes para algo tan "lujoso" como un retiro personal. La sencilla verdad es que esas disciplinas no son suplementarias de lo que hacemos como líderes espirituales; son el centro mismo de quiénes somos y de lo que hacemos. Sin una dieta regular de tales disciplinas, la eficacia de nuestro liderazgo espiritual se ve extremadamente reducida. Si estamos demasiado ocupados para tales cosas, ¡claramente estamos demasiado ocupados! Es tiempo de que demos prioridad a lo que es verdaderamente importante y no nos permitamos a nosotros mismos estar atados a lo que es urgente. Parte del trabajo más difícil que nunca haremos se producirá durante nuestro tiempo de retiro personal cuando luchemos con Dios con respecto a asuntos en nuestra vida y en la vida de nuestra iglesia. Desgraciadamente, este difícil trabajo se está volviendo cada vez más impopular entre el intento del clero contemporáneo de edificar la siguiente megaiglesia. Pero no debiera sorprendernos que a medida que esas disciplinas se vuelvan cada vez menos importantes y se practiquen con menos frecuencia, el índice de fracasos en el liderazgo crezca.

OTRAS HERRAMIENTAS

Pruebas y perfiles de personalidad

Otra manera de poder obtener un valioso autoconocimiento es mediante el uso de varios perfiles y pruebas que nos ayudarán a ver ciertas debilidades en nuestra personalidad y estilo de liderazgo y que ofrecerán alentadoras sugerencias para evitar que caigamos víctimas de los varios elementos de nuestro lado oscuro. Las siguientes son algunas pruebas y perfiles recomendados:

1. *Taylor Johnson Temperament Analysis* (TJTA) [Análisis de temperamento de Taylor Johnson]. Es primordialmente un perfil de personalidad que traza su personalidad sobre un continuo en relación con ocho rasgos diferentes de personalidad.
2. *Myers-Briggs*. Este instrumento es un perfil de personalidad y un perfil de liderazgo. Ayuda al líder a entender por qué es atraído a ciertos tipos de oportunidades de liderazgo e identifica dónde será más eficaz.
3. *DiSC Personal Profile System*. La prueba de DiSC ayuda a identificar estilos de liderazgo primarios y secundarios. También destaca las debilidades inherentes en cada estilo de liderazgo y sugiere potenciales defensas contra ser la víctima de esas debilidades.
4. *Minnesota Multiphasic Personality Inventory* (MMPI). A diferencia de las anteriores herramientas, las cuales pueden administrarse por uno mismo, el MMPI debe realizarlo un profesional. Sin embargo, puede ser útil a la hora de destacar aspectos de funcionamiento mental y emocional que pueden ser graves discapacidades.

Esas pruebas pueden revelar cosas tales como la tendencia a influenciar sobre otros hasta el punto de manipularlos en un esfuerzo por llevar a cabo nuestras metas. Pueden revelar una necesidad de agradar a los demás o la propensión a trabajar compulsivamente. Destacan la tendencia a ponerse a la defensiva ante la crítica y el temor de asumir riesgos en el liderazgo. Aunque no pueden decirnos por qué luchamos con esas cosas, simplemente ser conscientes de que luchamos con ellas es la mitad de la batalla. A medida que sean revelados nuevos problemas por la utilización periódica de esas pruebas, podremos reflexionar en las razones por las cuales esas cosas pueden ser problemas para nosotros.

El uso de estas herramientas u otras similares es esencial para el autoconocimiento. Además de exponer nuestras debilidades, también revelan nuestros puntos fuertes. A medida que nos familiarizamos más con nuestros dones y con las fortalezas que Dios nos ha dado, podemos tener confianza en nuestro liderazgo y evitar muestras de falsa humildad y otros comportamientos de autodesprecio. (Para mayor información sobre estas herramientas, refiérase al apéndice A).

Terapia y consejo profesional

Si se ha tomado usted el tiempo y el esfuerzo requeridos para sondear adecuadamente las profundidades de su pasado y ha identificado cualquier experiencia de la niñez o de la adolescencia que pueda haber dictado su comportamiento actual; y si ha aceptado usted la realidad de que en verdad posee un lado oscuro, sin importar en qué punto del continuo esté, si es aproximado o exacto; y si ha dado los pasos para abordar su pasado lo mejor que puede; sin embargo, sigue sin encontrar alivio de su lado oscuro o control sobre él, es probable que sea una indicación de que usted necesita algo de ayuda objetiva.

Un consejero o terapeuta profesional puede ser capaz de darle la ayuda que usted necesita. Sin embargo, los líderes tienden a pensar que ellos no necesitan ese tipo de ayuda y que pueden solucionar sus luchas por sí mismos. Los pastores no tienen problema para remitir a los feligreses a la consejería, a menudo elogiando los beneficios que pueden obtenerse; sin embargo, muchas veces son reacios a acceder ellos mismos a esa fuente tan útil. Hay varias razones para esa reticencia, la mayoría de las cuales son un resultado directo de la obra del lado oscuro.

Uno de los aspectos más insidiosos del lado oscuro es que puede mantener su presencia en nuestras vidas sin inutilizarnos por completo. Aun cuando la lucha sea con algo tan grave como la depresión maníaca, las depresiones rara vez son tan duraderas que eviten todas las funciones normales. En la cumbre de un episodio maníaco puede haber tales sentimientos de energía, creatividad y productividad que la ayuda profesional apenas parece necesaria. Incluso en la oscuridad de una grieta depresiva que inevitablemente sigue a tales periodos de actividad maníaca, no es fácil buscar ayuda porque existe el sentimiento de que eso también pasará.

Desgraciadamente, hay algunos círculos cristianos que siguen insistiendo en descartar la utilidad de cualquier forma de consejería profesional, escogiendo en su lugar catalogar todo lo que nos aflige como el producto de pecado que sencillamente necesita ser confesado. Obviamente, toda área de debilidad humana es en última instancia el resultado de la Caída y de la depravación producida por ella. Sin embargo, eso no evita que nos pongamos lentes correctoras cuando tenemos miopía o que nos realicen operaciones quirúrgicas cuando están justificadas. Esa filosofía simplista no puede ser bíblicamente apoyada y no debiera poner dificultades al líder que necesite ayuda profesional para que la busque.

Los líderes espirituales también temen que su relación con un consejero o terapeuta profesional envíe el mensaje erróneo a los feligreses y a quienes dirigen. ¿Quién quiere ser dirigido por alguien que no pueda resolver sus propios problemas? ¿Cómo podemos esperar que las personas acudan a nosotros en busca de ayuda y de guía espiritual una vez que descubran que nosotros mismos necesitamos ayuda y guía? Sin embargo, es lo contrario lo que las personas piensan. En lugar de disuadir a aquellos a quienes dirigimos de que acudan a nosotros en busca de ayuda, su conocimiento de que nosotros utilizamos ayuda profesional puede en realidad derribar muchas de las barreras que los inhiben a la hora de acudir a nosotros. Si nosotros hemos descubierto la necesidad de buscar ayuda, sin duda está bien que ellos también busquen ayuda.

Antes de abrirnos camino hasta la oficina del consejero, necesitaremos estar comprometidos con tres importantes cualidades similares a las de Cristo. En primer lugar, necesitaremos demostrar humildad. Necesitaremos admitir que no somos capaces de resolver todos nuestros problemas. En segundo lugar, necesitaremos demostrar transparencia. Buscar la aportación objetiva y la ayuda de otra persona requerirá la capacidad de revelar los escondrijos interiores de nuestra vida; necesitará que compartamos nuestras debilidades, temores y fracasos, algo que no siempre es fácil de hacer para los tipos de personalidades que han logrado el estatus de liderazgo; sin embargo, es esencial. Finalmente, demandará sinceridad. Incluso si deambuláramos hasta la oficina de un consejero, no recibiremos ayuda si nos negamos a ser sinceros. Es crucial observar que hay una diferencia distintiva entre la transparencia y la sinceridad. La transparencia tiene que ver con la profundidad y la naturaleza de nuestras autorevelaciones. La honestidad, por otro lado, tiene que ver con la exactitud de lo que revelamos. El líder que exhibe esas cualidades y busca la ayuda de un profesional está en el camino hacia el desmantelamiento de su lado oscuro.

Grupos de responsabilidad personal

Los líderes parecen tener una aversión natural al escrutinio y la crítica. De manera irónica, es nuestra capacidad para abrirnos a nosotros mismos al cercano escrutinio y aun la crítica la que muchas veces nos sirve mejor en nuestros esfuerzos por evitar los efectos destructivos del lado oscuro.

El Dr. John Maxwell, popular escritor y conferencista en el área del liderazgo, ha afirmado que uno de los factores que más contribuyeron al reciente fracaso moral de numerosos líderes espirituales ha sido su falta de disposición para someterse a sí mismos a relaciones continuas de responsabilidad.[2] Richard Dortch, que recibió una sentencia a prisión federal por su papel en el fracasado ministerio PTL de Jim Bakker, ha afirmado: "La responsabilidad o rendimiento de cuentas a veces puede ser superficial y vacío. La sumisión da un paso más y dice: 'Estoy dispuesto a soltar el control de la visión'".[3] Cuando un líder finalmente está dispuesto a someterse a relaciones de responsabilidad, según Dortch, "significa perseguir la visión con tal transparencia que *con mucho gusto* invitamos al mundo a ver nuestros libros. El orgullo no puede ir muy lejos cuando realizamos la financiación y la operación de nuestra visión con absoluta integridad"[4] (énfasis de los autores).

Es crucial para la eficacia de nuestras relaciones de responsabilidad que seamos transparentes a fin de que podamos mantener a raya nuestro lado oscuro. Por otro lado, aun cuando mantengamos relaciones de responsabilidad, es posible que retengamos información importante y motivos ocultos que eviten que nuestro grupo de responsabilidad realice su tarea. Necesitamos someter nuestras metas y motivos a mucho más que una inspección superficial por parte de aquellos con quienes contamos para mantenernos responsables ante principios bíblicos y prácticas de liderazgo rectas y piadosas.

Necesitamos reconocer que hay tres niveles de apertura a la responsabilidad y las aportaciones de los demás: el primer nivel es simplemente no oponerse al consejo; el segundo nivel es querer consejo; y el tercer nivel es realmente buscar consejo.[5] Para que nuestras relaciones de responsabilidad cumplan con su propósito, debemos pasar al tercer nivel, donde busquemos con avidez el consejo de asesores de confianza.

Podría usted preguntar: ¿Quiénes debieran componer nuestro grupo de responsabilidad? Debería ser un grupo de personas experimentadas y que crecen espiritualmente en quienes usted confíe y quienes le quieran y tengan en sus corazones los mejores intereses para usted. Una vez que identifique usted de tres a cinco individuos que encajen en esa descripción, puede preguntarles si estarían interesados en servirle a usted de esa manera. Es importante comunicarles que usted va en serio en este proceso y definir el papel que usted quiere que ellos cumplan. Sugerimos que se escriba un tipo de pacto que cubra el propósito del grupo, las intenciones de usted al someterse al consenso del grupo en asuntos cuestionables, la confidencialidad y la manera en que usted hará uso de su servicio. (Ver el apéndice B para un ejemplo de un pacto de grupo de responsabilidad.) Este proceso reducirá la posibilidad de frustración y desengaño por parte de todos los miembros.

Una vez que ese grupo de individuos esté de acuerdo en ayudarlo, úselo. Úselo cuando esté enfrentándose a decisiones difíciles, cuando esté determinando direcciones para su vida y su ministerio, cuando esté navegando entre aguas de controversia o luchando con sentimientos interiores respecto a varios asuntos. Concédales permiso para hacerle preguntas agudas y penetrantes en cualquier momento como medio de mantenerlo en el camino recto y estrecho en su ejercicio del liderazgo.

Evaluaciones formales de rendimiento

Una herramienta final de la que todo líder debería aprovecharse plenamente es el proceso de las evaluaciones formales de rendimiento por parte de quienes están por encima de él o ella. En muchas iglesias el pastor principal nunca es formalmente examinado por la Junta de la iglesia o quienes tienen autoridad sobre él. A demasiados líderes se les permite ignorar sus debilidades año tras año sin ni siquiera ser informados de áreas que necesitan mejorar.

Aunque abrirse uno mismo a la evaluación formal es siempre una experiencia arriesgada y aterradora, bien merece la pena el riesgo y el temor que suscita. La realidad es que otros normalmente ven los efectos de nuestro lado oscuro mucho antes de que los veamos nosotros. Cuando nos abrimos a la evaluación, tenemos la oportunidad de abordar potenciales áreas problemáticas en sus primeras etapas antes de que lleguen a estar fuera de control. Siempre es doloroso reconocer nuestros fracasos y problemas, pero es absolutamente esencial si queremos obtener control sobre nuestro lado oscuro.

¿Qué debería usted hacer en un ambiente que actualmente no proporcione evaluaciones formales de rendimiento? Nuestra recomendación es que acuda al presidente de la Junta o a otra persona ante la que usted sea responsable y exprese con firmeza su deseo de realizar evaluaciones escritas anuales. Una vez que la Junta se recupere de la conmoción, sin duda estarán de acuerdo en ayudarle. Si los líderes ante quienes es usted responsable no tienen los recursos o el conocimiento para realizar tal evaluación, asuma la responsabilidad de proporcionarles algunas pautas y ejemplos que les ayudarán a diseñar un procedimiento. Creemos que una evaluación anual de rendimiento no solo es desafiante, sino también extremadamente alentadora y humillante al ver las maneras en que Dios nos está usando de modo eficaz. Someterse a una evaluación anual de rendimiento puede proporcionar al líder un autoconocimiento que tardaría años en obtener y que puede utilizar para ejercitar un mejor control sobre su lado oscuro. (Para ver un ejemplo de evaluación pastoral de rendimiento, refiérase al apéndice D.)

CONOCIMIENTO ES PODER

Cuanto más conocimiento logremos acerca de nosotros mismos, más capaces seremos de sobreponernos a nuestro lado oscuro. Mientras escojamos vivir en ignorancia de nuestras singulares debilidades y disfunciones, seguiremos siendo víctimas de ellas. Con un mayor conocimiento llegará un mayor poder para vivir una vida de equilibrio, libre de los efectos destructivos de nuestro lado oscuro.

PUNTOS CLAVE

- El cuarto paso hacia sobreponerse a su lado oscuro es practicar la disciplina del autoconocimiento.
- Sobreponerse al lado oscuro del liderazgo requiere exponerse regularmente al espejo de la Escritura, ya que le proporcionará el autoconocimiento más exacto disponible (Stg. 1:22-25).
- La práctica de disciplinas espirituales probablemente incluirán la lectura regular de la Escritura y la meditación en ella, periodos de meditación y reflexión, lectura devocional y oración, y muchos retiros espirituales.

APLICACIÓN PERSONAL

1. ¿Practica usted un tiempo regular de lectura de la Escritura aparte de la preparación de predicaciones o enseñanza?
   _____ Sí_____ No

Si la respuesta es no, ¿qué paso podría dar para hacerlo?

2. ¿Toma tiempo a la semana o al mes para la meditación y la reflexión en la Escritura, Dios o su vida?

_____ Sí_____ No

Si la respuesta es no, ¿qué necesitaría cambiar en su vida para tener tiempo para la meditación?

3. ¿Lee ocasionalmente un clásico devocional o material devocional contemporáneo simplemente para alimentar su alma?

_____ Sí_____ No

Si la respuesta es no, intente leer una biografía de algún líder cristiano. Comience leyendo un capítulo a la semana.

4. ¿Tiene un tiempo regular de oración aparte de las comidas, las reuniones de la iglesia o escenarios formales de ministerio?

_____ Sí_____ No

Si la respuesta es no, ¿qué parece obstaculizarle para orar más?

5. ¿Toma un tiempo extenso para la reflexión espiritual, como un retiro una o dos veces al año?

_____ Sí _____ No

Si la respuesta es no, revise su calendario hoy y programe un retiro personal en los próximos seis meses.

6. ¿Escribe usted un diario en el cual plasma sus más profundos pensamientos, sueños, pasiones, fracasos y victorias?

_____ Sí _____ No

Si la respuesta es no, vaya a una papelería, compre un cuaderno y escriba en él esta noche.

7. ¿Aprovecha la oportunidad de conocerse mejor a usted mismo mediante las pruebas y perfiles de personalidad?

_____ Sí_____ No

Si la respuesta es no, escoja uno de los perfiles recomendados y utilícelo como un medio de obtener perspectiva sobre su personalidad (ver apéndice A).

8. ¿Tiene un grupo de personas con las cuales se reúne y puede ser sincero y transparente, y que le mantienen responsable de su lado oscuro?

_____ Sí _____ No

Si la respuesta es no, enumere a dos o tres personas con las que se sentiría cómodo reuniéndose. Hable con ellos de reunirse como grupo, comenzando la próxima semana.

9. ¿Participa en un proceso de evaluación formal con otros líderes en su organización?

_____ Sí_____ No

Si la respuesta es no, pida a su Junta de liderazgo que desarrolle un proceso de evaluación formal este año (ver apéndice D).

10. ¿Se aprovecha de las oportunidades de educación continua, como seminarios, talleres o programas de licenciatura?

_____ Sí_____ No

¿Qué áreas de educación continua le interesarían?

Las ideas dadas anteriormente y a lo largo de este capítulo no tienen la intención de cargar aún más su ocupado calendario. En lugar de intentar añadir varias de ellas a lo que ya está usted haciendo, considere aumentar su tiempo de compromiso con las que ya están en su calendario o añadir solamente una idea por ahora. ¿Qué hará?

17

P A S O 5

COMPRENDER SU IDENTIDAD
EN CRISTO

En última instancia, los cuatro pasos anteriores nos dejarán sintiéndonos frustrados y vacíos si no comprendemos y aceptamos nuestra verdadera identidad en Jesucristo. Debemos llegar al punto donde reconozcamos que nuestro valor no depende de nuestro rendimiento, posición, títulos, logros, o el poder que ejerzamos. En cambio, nuestro valor y dignidad existen independientemente de cualquier cosa que hayamos hecho nunca o que hagamos en el futuro. Sin la gracia de Dios que se encuentra solamente en su hijo Jesucristo, como declaró Isaías el profeta, nuestros mejores esfuerzos y actos más altruistas son como trapos de inmundicia a la vista de Dios (Is. 64:6). Todo lo que pudiéramos aprender sobre nuestro lado oscuro no tendrá un importante beneficio si no descubrimos nuestro valor en Cristo.

DIGNOS EN CRISTO

A fin de cuentas, siempre debemos recordar que nuestra mayor fuente de dignidad como líderes debería provenir del conocimiento de que somos conocidos por Dios y declarados justos en Cristo. Todas las demás posturas nos dejarán carencias. Al seguir los anteriores pasos de reflexión y obtener autoconocimiento, puede producirse un tipo de efecto boomerang si los resultados no se consideran con cuidado y atención ante el trasfondo de la gracia de Dios y nuestra posición en Cristo. La introspección personal de cualquier naturaleza seria siempre revelará que somos pozos sin fondo de necesidades y depravación separados de Cristo. Pero con Cristo hay esperanza para nosotros.

Se nos dice en la Biblia que hay dos fuentes de vida: una es terrenal; la otra es celestial. Una es física; la otra es espiritual. Una finalmente conduce a la muerte; la otra a la vida eterna. Tenemos tanto una condición como una posición, o un estado aquí en la tierra y una posición delante de Dios. Nuestro primer nacimiento nos proporcionó un cuerpo físico y nos situó en una condición pecaminosa en esta tierra. El nuevo nacimiento nos presenta con una nueva vida (y finalmente un nuevo cuerpo) y nos sitúa en una posición santa en el cielo.

Posición	Condición
En el cielo	En la tierra
Espiritual	Física
Vida	Muerte

La pregunta es: ¿de qué fuente obtenemos nuestro valor como personas? ¿Y como líderes?

Nuestro valor como pueblo de Dios es el que resulta de nuestra *posición* en Cristo en lugar de nuestra *condición* en la tierra. El crecimiento cristiano se produce a medida que nos apropiamos de lo que ya somos en Cristo (nuestra posición) por fe y luego lo practicamos en nuestras vidas terrenales (nuestra condición). Por ejemplo, nuestra condición es que somos cristianos creciendo en madurez. Es de esperar que la mayoría de nosotros estemos progresando en nuestro caminar con Cristo, reflejando sus atributos cada vez más. Desde luego, como no somos perfectos, cometemos y cometeremos errores y experimentaremos fracaso y luchas. Si miramos nuestro estado terrenal para recibir nuestro valor, entonces sin duda quedaremos defraudados. Sin embargo, si nos concentramos en lo que somos en realidad en nuestra posición delante de Dios, ¡descubriremos que tenemos valor! Caminar por fe significa que vivimos de acuerdo a la verdad, no por sentimientos. A veces puede que sintamos que somos indignos, pero concentrarnos en nuestra condición significa que no estamos viviendo por fe. Aun en momentos de derrota, frustración o fracaso, a medida que caminemos por fe y no por vista podemos saber que tenemos valor debido a nuestra posición con Dios en el cielo.

Aunque hay numerosos pasajes bíblicos que ilustran nuestra posición y condición, citaremos solo algunos. Hemos destacado las palabras que reflejan nuestra posición en Cristo. "De modo que si alguno está *en Cristo, nueva criatura* es; las cosas viejas pasaron; he aquí *todas son hechas nuevas*" (2 Co. 5:17); y "Porque así como en Adán todos mueren, también *en Cristo todos serán vivificados*" (1 Co. 15:22). Un breve sondeo de Efesios capítulo 1 es suficiente para elevar el ánimo hasta del líder más autocrítico. En él Pablo nos recuerda no nuestra condición, ¡sino nuestra posición!

> Dios... nos escogió *en él* [en Cristo] antes de la fundación del mundo, *para que fuésemos santos y sin mancha delante de él*, en amor *habiéndonos predestinado para ser adoptados hijos suyos* por medio de Jesucristo, según el puro afecto de su voluntad... *en quien tenemos redención* por su sangre, *el perdón de pecados según las riquezas de su gracia, que hizo sobreabundar para con nosotros en toda sabiduría e inteligencia.*
>
> EFESIOS 1:4-8 (énfasis de los autores)

Pablo declara que hemos sido escogidos por Dios mismo, declarados santos y sin mancha, y completamente perdonados. Sigue diciendo que hemos obtenido una herencia eterna (Ef. 1:11) y que hemos sido sellados por el Espíritu Santo de Dios (Ef. 1:13), el cual sirve como su garantía de esos increíbles beneficios.

En Romanos Pablo nos dice que "el Espíritu mismo da testimonio a nuestro espíritu, de que *somos hijos de Dios*. Y si hijos, también herederos; *herederos de Dios y coherederos con Cristo*" (Ro. 8:16-17). En su carta a la pendenciera iglesia en Corinto, Pablo nos recuerda que Jesucristo es nuestra sabiduría, justicia, santificación y redención (1 Co. 1:30). En Filipenses podemos hallar confianza junto con Pablo en que "el que comenzó *en vosotros la buena obra*, la perfeccionará hasta el día de Jesucristo" (Flp. 1:6). Nuestros beneficios en Cristo se observan en el siguiente esquema.

Posición	Condición
En el cielo	En la tierra
Espiritual	Física
Vida	Muerte
Nuevo nacimiento	Primer nacimiento
Nuevo hombre	Viejo hombre
Nueva naturaleza	Vieja naturaleza
Nueva criatura	Vieja criatura
Justificado	Condenado
Perdonado	Culpable
En Cristo	En Adán

Una y otra vez las Escrituras nos recuerdan que ya no somos la misma persona que nació de nuestros padres terrenales. Hemos sido hechos nuevas criaturas espirituales por el poder de Dios; sin embargo, éramos valiosos ante Dios aun antes de estar en Cristo por fe. "Porque Cristo, cuando aún éramos débiles, a su tiempo murió por los impíos. Ciertamente, apenas morirá alguno por un justo; con todo, pudiera ser que alguno osara morir por el bueno. *Mas Dios muestra su amor para con nosotros, en que siendo aún pecadores*, Cristo murió por nosotros (Ro. 5:6-8, énfasis de los autores).

No son nuestros logros y nuestros éxitos organizativos los que nos dan un sentido permanente de dignidad: es Jesucristo. Aunque nuestros esfuerzos de liderazgo sí que tengan valor tanto en el presente como en el futuro, no nos confieren valor.

NUESTRA ELECCIÓN

Cuando escogemos vivir en ignorancia de nuestro lado oscuro y resistimos todos los intentos de comprendernos a nosotros mismos, nuestro adversario espiritual puede mantenernos atados por medio de un continuo flujo de mentiras y engaño. Con nuestros ojos cegados podemos vernos a nosotros mismos solo en nuestra condición actual. Como contraste, cuando comenzamos a dar los pasos mencionados anteriormente y aprendemos sobre nosotros mismos, estamos mejor capacitados para llevar esos asuntos a Jesús y encontrar una completa liberación. ¡Dios se lleva las nubes y nos permite ver nuestra posición en Cristo! Si no comprendemos esas necesidades no satisfechas y deudas existenciales que nos impulsan, es más difícil aplicar la verdad de la Palabra de Dios a ellas y encontrar libertad. Cualquier intento por sobreponernos al lado oscuro aparte de la aplicación de la verdad espiritual acerca de nuestra verdadera posición e identidad en Cristo terminará en fracaso.

Como parte de este paso, recomendamos encarecidamente la lectura de los libros de Neil Anderson *Victory over the Darkness* y *The Bondage Breaker*. (Ver la lista de lecturas recomendadas para información adicional.) Esos libros capacitarán a los líderes impulsados a encontrar valor definitivo en su identidad en Cristo, aparte de su rendimiento y sus logros.

UN PROCESO QUE DURA TODA LA VIDA

Sobreponernos a nuestro lado oscuro no es un evento, es un proceso que dura toda la vida y en el que todo líder debe estar trabajando. A medida que obtengamos una comprensión progresivamente más profunda de nuestro lado oscuro y practiquemos con coherencia los pasos necesarios para redimirlo, podremos protegernos a nosotros mismos y a aquellos a quienes amamos de los dolorosos, humillantes y a menudo devastadores fracasos producidos por el lado oscuro.

PUNTOS CLAVE

• El quinto paso hacia sobreponerse a su lado oscuro es comprender su identidad en Cristo.

• Su verdadero valor no reside en su rendimiento, posición, títulos, logros o poder (su condición en la tierra). Existe independientemente de cualquier cosa que usted haya hecho o que hará.

• Su mayor fuente de dignidad es ser conocido por Dios y declarado justo en Cristo (su posición en el cielo).

APLICACIÓN PERSONAL

1. ¿Qué le hace sentirse como una persona con valor y dignidad? Nombre los actos, elogios, trabajo o logros concretos que le hayan producido buenos sentimientos en el pasado.

2. ¿Por qué esas cosas parecen proporcionarle sentimientos de dignidad?

3. ¿Provienen sus sentimientos de valor y dignidad de su posición en Cristo, actos, elogios, trabajo, logros u otros aspectos de su vida?

4. Lea Efesios 1:3-14, sustituyendo las palabras *nos* y *nosotros* por su propio nombre o el pronombre personal *yo*, y luego explique cómo le hace sentir.

5. Comience a construir una nueva perspectiva de su dignidad leyendo y reflexionando en los siguientes pasajes de la Escritura una vez al día durante la próxima semana.

- Efesios 1:3-14
- Romanos 8:16-17
- 1 Corintios 1:26-31
- Filipenses 1:6
- Gálatas 3:26-29
- Filipenses 3:7-14
- 1 Corintios 3:4-9

EPÍLOGO

El lado oscuro del liderazgo tiene profundas implicaciones tanto dentro de la Iglesia como entre las filas de líderes cristianos. Pocas cosas durante la década de los ochenta mancharon tan gravemente la perspectiva que el mundo tenía del cristianismo como la caída de varios líderes cristianos prominentes. La Iglesia en la actualidad afronta una crisis en el liderazgo de proporciones similares a la que Israel afrontó cuando el profeta Ezequiel declaró:

> Ay de los pastores de Israel, que se apacientan a sí mismos! ¿No apacientan los pastores a los rebaños? Coméis la grosura, y os vestís de la lana; la engordada degolláis, mas no apacentáis a las ovejas... Y andan errantes por falta de pastor, y son presa de todas las fieras del campo, y se han dispersado.
>
> EZEQUIEL 34:2-5

Debido a que los líderes espirituales de Israel habían fracasado a la hora de dirigirlos adecuadamente y en cambio se dirigieron hacia la satisfacción de sus propias necesidades personales, el pueblo sufrió. Dios no permitió que esta prostitución del liderazgo quedase sin castigo. Ezequiel también comunicó el mensaje de juicio de Dios sobre esos líderes caídos:

Yo estoy en contra de mis pastores. Les pediré cuentas de mi rebaño; les quitaré la responsabilidad de apacentar a mis ovejas, y no se apacentarán más a sí mismos. Arrebataré de sus fauces a mis ovejas, para que nos les sirvan de alimento.

Ezequiel 34:10

Qué fácil es para nosotros como líderes espirituales utilizar nuestra posición en el ministerio y a las personas a las que hemos sido llamados a dirigir para hacer avanzar nuestras propias metas y satisfacer nuestras propias necesidades neuróticas. El constante flujo de fracasos entre los líderes cristianos en la actualidad en todas las denominaciones amenaza la estructura de la Iglesia de Jesucristo. Nuestra credibilidad está siendo erosionada entre las personas a las cuales hemos sido llamados a alcanzar debido a que montones de fracasos entre los líderes cristianos han creado un cinismo dentro de nuestra cultura hacia la Iglesia.

Nuestra misión está en peligro si no podemos detener la marea de líderes caídos. Es crucial que la Iglesia aborde este asunto antes de que se cause un daño irreparable a la causa de Cristo en esta generación. Debemos ayudar a educar y alertar a los líderes jóvenes de los peligros de su lado oscuro. A pesar de lo importantes que son para el éxito los aspectos técnicos del ministerio (como la exégesis, los idiomas, la teología o la consejería), la capacidad de ellos para sobreponerse al lado oscuro de su personalidad es aún más vital para que el ministerio sea eficaz. Si el líder falla en esta área crucial, todas las demás capacidades se verán reducidas en su valor. Tratar el lado oscuro de manera abierta, directa y bíblica es crucial para la futura salud de la Iglesia y su eficacia ministerial en el mundo.

Que Dios nos halle fieles.

APÉNDICE A

PERFILES DE PERSONALIDAD

1. Taylor Jonson Temperament Analysis® (TJTA®)
   Para certificación en TJTA, contacte:
   Psychological Publications, Inc.
   PO Box 3577
   Thousand Oaks, CA 91359-0577
   (800) 345-8378
   Fax (805) 373-1753

2. Myers-Briggs®
   Ver *Gifts Differing*, de Isabel Briggs (Palo Alto,
   Calif.: Consulting Psychologists Press, 1980).
   Para certificación para utilizar el Type Indicator de Myers-Briggs,
   escriba o llame:
   The Association for Psychological Type
   9140 Ward Parkway
   Kansas City, MO 64114
   (816) 444-3500 o fax: (816) 444-0330

3. DisC® Personal Profile System®
   Publicado por:
   Carlson Learning Company
   PO Box 1763
   Minneapolis, MN 55440-9238
   Para pedir copias o para recibir información completa sobre la formación para recibir Certificación, contacte con el Dr. Gary L. McIntosh, PO Box 892589, Temecula CA 92589-2589; teléfono o fax: (909) 506-3086; email: gary_mcintosh@peter.biola.edu

4. Minnesota Multiphasic Personality Inventory (MMPI)
   Para certificación en uso de MMPI se necesita un título de Master en Psicología u otro campo relacionado con al menos un curso de un semestre o equivalente enseñando concretamente el MMPI y su uso. Póngase en contacto con su instituto o universidad local para más información.

PACTO DE GRUPO DE RESPONSABILIDAD

Como miembro del grupo de responsabilidad (<u>nombre</u>), hago el pacto de:

1. Reunirme con (<u>nombre</u>) una vez al mes con el propósito de que él o ella se mantengan rindiendo cuentas de sus valores y metas.
2. Hacer preguntas agudas y penetrantes basadas en la constitución personal [ver apéndice C] y las metas que (<u>nombre</u>) me ha entregado. También me sentiré libre para hacer preguntas de cualquier otra área de su vida y ministerio.
3. Mantener la confidencialidad de todas las conversaciones.
4. Desafiar firmemente a (<u>nombre</u>) en las áreas donde él o ella no esté viviendo de modo coherente con sus valores y participe en un comportamiento que mitigue el logro de sus metas.
5. Llamar periódicamente al cónyuge de (<u>nombre</u>) para asegurarme de que él o ella estén siendo veraces y representándose a sí mismos fielmente durante las reuniones de responsabilidad.
6. Orar por (<u>nombre</u>) y su fidelidad a Dios en el viaje de regreso a casa después de nuestra reunión.

Como la persona que se somete a ser responsable ante usted, hago el pacto de:

1. Ser veraz en las respuestas dadas a todas las preguntas hechas.
2. Orar por usted en el viaje hacia nuestra reunión.
3. Tomar a pecho cualquier consejo o recomendaciones que usted pudiera dar.
4. Ser puntual en todas las reuniones, sin monopolizar su tiempo más de una hora y media por reunión, y no llamarlo sin necesidad entre reunión y reunión.

Firmado:

_____

(Nombre)(Fecha)

_____

(Miembro del grupo de responsabilidad)(Fecha)

MUESTRA DE CONSTITUCIÓN PERSONAL

SAMUEL D. RIMA
20 DE ENERO DE 1994

Yo, Samuel D. Rima, prometo con la ayuda de Dios:

1. Mantener una relación conversacional con Dios cada vez más creciente y más íntima.

El único valor más importante que tengo es una creencia personal en un Dios vivo, amoroso, personal y soberano. Este Dios desea conocerme y relacionarse conmigo. Yo seré consciente de mi relación con Dios y la pondré por encima de cualquier otro valor o meta. Evitaré toda influencia y actividad que mine mi relación con Dios.

2. Amar a otros como me amo a mí mismo y tratarlos siempre como me gustaría que otros me tratasen a mí.

Me esforzaré por tratar a toda persona con la que me relacione exactamente como a mí me gustaría que me tratasen. Toda persona es altamente valorada y amada por Dios a pesar de sus actos, actitudes y luchas.

3. Edificar la Iglesia de Jesucristo.

Mi más alto llamado en la vida es contribuir al crecimiento y el avance de la Iglesia de Cristo en la tierra. La Iglesia no es una organización sino un pueblo unido alrededor de la persona y la obra de Jesucristo. Es la fuerza con más influencia en el mundo y es la única esperanza para el mundo. La sociedad y la cultura prosperan hasta el grado en que la Iglesia de Jesucristo sea sana y crezca.

4. Influenciar a otros para que persigan una creciente relación con Dios.

Pasar tiempo individualmente con personas es una de mis maneras más eficaces de influenciarlos para Cristo. También es vital que pase tiempo con pequeños grupos de personas para compartir mi pasión por Cristo y su misión en el mundo. Cuando esté con otros, seré consciente de la oportunidad que se me ha dado de influenciarlos para Cristo y para su reino: yo soy su embajador.

5. Amar a mi esposa como Cristo ama a la Iglesia.

Pasaré tiempo de calidad con Sue para compartir mi vida con ella y alimentar sus dones e intereses. Deseo ver que ella sea la persona más eficaz, satisfecha y productiva que pueda ser. Consideraré sus intereses por encima de los míos.

6. Amar a mis hijos y tratarlos como Dios me trata a mí, su hijo.

Me implicaré en las vidas de mis hijos. Pasaré tiempo con cada uno de ellos mensualmente. Asumo plena responsabilidad de su desarrollo intelectual, emocional, espiritual y físico. Mi meta es alentarlos y demostrar el amor incondicional de Dios en todo momento.

7. Mantener un tiempo diario de soledad con el propósito de crecer espiritualmente.

Cada día de 5:30 a 7:00 de la mañana tengo la cita más importante y no negociable del día. Es un tiempo en que me exploro a mí mismo y mi relación con Dios y busco su dirección y su mente para el día que está por delante. Es un tiempo de lectura, reflexión, escritura en mi diario, oración y soledad.

8. Ser digno de confianza y una persona de integridad.

Seré sincero en todas las cosas y me guardaré a mí mismo de exageración y mentiras de omisión. Admitiré cuando haya hecho mal y buscaré perdón cuando sea necesario. Fomentaré la confianza con quienes trabajo y me relaciono. No daré a la gente una razón para dudar de mi integridad. Rendiré cuentas regularmente a un pequeño grupo de hombres escogidos.

9. Administrar mi tiempo con la máxima eficacia.

Mantendré un calendario diario a todas horas. Controlaré los eventos de mi vida que sean controlables. Pasaré los primeros quince minutos de cada día planeando los eventos del día de manera que logre mis metas más eficazmente. No desperdiciaré tiempo ni pospondré las cosas. Mi calendario y mis prioridades reflejarán y serán coherentes con los valores que me gobiernan y promoverán el logro de mis metas a largo plazo.

10. Mantener mi salud física, mi forma física y mi aspecto.

Mi cuerpo es el templo del Espíritu Santo del Dios vivo y mi único vehículo para alcanzar todo lo que Dios desea que alcance. Así, emplearé el dominio propio en mis hábitos alimenticios. Haré ejercicio al menos cinco veces por semana y mantendré mi peso por debajo de 81 kilos. Prestaré especial atención a mi aspecto personal para que sea el mejor posible.

11. Proveer para el futuro económico de mi familia.

Gastaré menos de lo que gano. Ahorraré todos los meses para proveer reservas de dinero para emergencias. Haré contribuciones mensualmente para un vehículo para la jubilación que maximice mi inversión. Trabajaré hacia una situación en el hogar que esté libre de presiones económicas inducidas. No utilizaré el crédito para cosas que no pueda pagar en su totalidad al final de cada mes.

12. Crecer intelectualmente y profesionalmente.

Leeré todos los días y seleccionaré mi lectura entre una variedad de temas y formatos que representen las mejores lecturas disponibles. Iré tras mi doctorado y participaré en seminarios regulares de educación continua con el propósito de obtener estimulación intelectual y profesional. No puedo enseñar si estoy estancado.

13. Comunicar con excelencia y aprovechar al máximo cada oportunidad de hablar delante de un grupo.

Me prepararé exhaustivamente para cada oportunidad de comunicar que me den. Nunca intentaré "improvisar" en ninguna situación. Realizaré mi mejor esfuerzo posible. Si no puedo hablar con genuina convicción y pasión, entonces no hablaré.

14. Siempre ver las cosas como pueden ser, no simplemente como son.

Toda meta es un conflicto planeado con el status quo. Las cosas pueden ser siempre mejores de lo que son y yo promoveré el que mejoren. Comunicaré visión para el futuro con emoción y entusiasmo, pero no manipularé a otros para hacer realidad esa visión. Si no puedo convencer a las personas para que sigan voluntariamente, entonces la visión no merece la pena ser seguida.

15. Dejar todo en lo que estoy implicado en mejor condición que cuando empecé.

Añadiré valor a las personas, proyectos y organizaciones en las que esté implicado. No seré alguien que usa sino alguien que contribuye; no seré alguien que se queja sino alguien que alienta. Seré alguien que resuelve problemas y no alguien que cuenta problemas.

MUESTRA DE EVALUACIÓN DE RENDIMIENTO

SAMUEL D. RIMA
2 DE MARZO DE 1996

El pastor Rima ha completado tres años de ministerio en la iglesia Bethany Baptist Church. Los siguientes comentarios reflejan la perspectiva colectiva de la Junta de la iglesia referente a su rendimiento durante el pasado año.

Predicación/Enseñanza: El pastor Rima es un excelente predicador. Se expresa bien, está bien preparado y hace un buen uso de los ejemplos. Sus sermones son desafiantes, convincentes, relevantes, significativos, poderosos y motivacionales. Se le enseñan muchas lecciones a la gente para las situaciones de la vida. Él se hace a sí mismo vulnerable utilizando ejemplos personales para establecer un punto. Construye sus sermones alrededor de la Escritura, y los pasos a dar a la conclusión de su mensaje son pertinentes y prácticos.

Algunos servicios puede que se hagan un poco largos, pero eso puede corregirse recortando algunas de las actividades preliminares, música, etc. Puede que sea una meta razonable concluir generalmente el servicio a las 11:15. Las selecciones de música especial debieran ser normalmente parte del servicio.

Liderazgo: El pastor Rima es un líder muy fuerte. Es agresivo, persuasivo y un buen motivador y planeador. Hace un buen trabajo a la hora de ponerse en contacto con miembros individuales de la Junta entre reuniones y reuniones de Junta. Está bien preparado para las reuniones. Tiene confianza en sus habilidades y piensa bien en sus posiciones antes de intentar convencer a otros. Tiene excelentes capacidades de visión.

Cuando el pastor Rima realmente está convencido sobre algún asunto, es difícil para él echarse atrás cuando la Junta u otros líderes desean ir en otra dirección. También puede tomarse las cosas demasiado personalmente a veces. Además, el pastor Rima necesita tener cuidado a la hora de hablar a otros de conversaciones mantenidas con otras personas (nombrando a individuos) cuando no es necesario hacerlo.

Comunicación: Este es otro punto fuerte del pastor Rima, tanto en la comunicación escrita como en la verbal. Es sensible hacia lo que se necesita, incluyendo cuánto y con cuánta frecuencia. Es claro y se expresa bien, y desea que la congregación sea informada de los temas pertinentes en lugar de que se reserven. El plan Harvest 2000 es excelente y está basado en mantener a la congregación informada de las actividades de traslado y de ministerio. Él tiene los pies sobre la tierra de modo excelente a la hora de responder a una variedad de asuntos.

Relaciones congregacionales: El pastor Sam puede relacionarse bien con todas las edades y grupos de personas. Él busca soluciones con los miembros que presentan situaciones difíciles de manejar. Aunque probablemente no tenga el don de misericordia, sí que expresa su identificación con los demás. Es bueno en el trabajo hacia atraer a personas nuevas a la iglesia. Puede relacionarse con la gente de maneras muy diferentes (caza, pesca, planificación de retiros, encuentros sociales, etc.).

Aunque el pastor Rima es bueno en las relaciones con todas las personas, se ve más atraído hacia ciertos tipos de personas (líderes en potencia, pensadores progresivos, quienes están abiertos al cambio, etc.). Tom Backer proporciona un buen equilibrio y probablemente ocupe un vacío en ciertas áreas del trato con los individuos cuyos intereses puede que sean más "insignificantes".

Administración del personal: El pastor Rima proporciona buena visión, dirección positiva y construye un sentido de lealtad entre el personal. No parece estar siempre vigilándolos, pero al mismo tiempo proporciona la dirección adecuada. Los desafía a pensar "fuera del molde" y les da ocasión de exponerse a la congregación los domingos en la mañana (anuncios, oración, predicación ocasional, etc.).

Aunque no es un problema que se observe, el pastor Rima necesita vigilar que su fuerte personalidad no desbarate conceptos e ideas de su personal. Debería hacerse un análisis para determinar si las reuniones de Junta pueden acomodarse de modo que Brian Allen pueda asistir.

Funciones administrativas: Las funciones administrativas se manejan muy bien. El pastor Rima está bien organizado, centrado, es eficiente y capaz de hacer bien muchas cosas diferentes. Está bien preparado para reuniones, presentaciones, etc.

El pastor Rima tiene la tendencia a hacer demasiadas cosas él mismo. Tiene un fuerte deseo de estar en control, lo cual es un reflejo de su fuerte personalidad. Tiene tendencias perfeccionistas que pueden dar como resultado que realice obligaciones administrativas a un nivel más elevado del que se requiere para realizar un muy buen trabajo.

Otros: El pastor Rima es muy bueno en la consejería y en la resolución de conflictos. Es bueno para centrarse en la relevancia de los programas que la iglesia ofrece. Su don para la visión y el desafío se necesita en Bethany. Al mismo tiempo, su perseverancia frente a la oposición también es necesaria a veces. Debería considerarse alguna forma de estudio/formación bíblica para miembros de la Junta/cónyuges cuando nuevos miembros de la Junta estén en su puesto.

Logros principales: Algunos de los logros durante el pasado año incluyen los siguientes:

- Proceso completo de traslado: capacidad para tener una iglesia confiada que está determinada en sus maneras de votar por el traslado.
- La mayor asistencia y las mayores ofrendas registradas.
- Separar el programa de la iglesia de una planificación tradicional pero ineficaz, desde servicios los domingos en la noche hasta grupos de hogar y ABFs renovados.
- Liderazgo continuado a la hora de revisar el servicio de adoración de la mañana.
- Manual de política de personal.
- Inclusión de dos miembros de la Junta en la conferencia Maxwell Conference en Denver.
- Logro del doctorado.

Áreas de mejora: Áreas potenciales de mejora son las siguientes:

- Continuada revisión en curso de equilibrio de vida espiritual, física y familiar.
- Trabajar en una mayor delegación y un menor control.
- Desarrollar más puntos fuertes en áreas de debilidad (empatía, visitar enfermos, paciencia, etc.).
- Mejorar la capacidad de conducción para mantenerse alejado de la cuneta (es broma).

Resumen: El propósito de una evaluación de rendimiento es mostrar al individuo sus puntos fuertes y sus debilidades. Cada uno de nosotros tiene ambas cosas. Al mismo tiempo es importante considerar los puntos fuertes en relación con las debilidades. Con respecto al pastor Rima, los puntos fuertes sobrepasan con mucho las debilidades. Él es el mejor ministro con el que hemos trabajado y tiene una excelente mezcla de predicación y capacidad de comunicación, visión, capacidades administrativas, impulso e interés por los demás. Lo que es más importante, cree en la oración y basa sus creencias en la Escritura. Esperamos que pueda quedarse en Bethany durante mucho tiempo.

NOTAS

PREFACIO

1. Para una completa visión de conjunto de los diferentes grupos generacionales en la Iglesia, ver Gary L. McIntosh, *Three Generations: Riding the Waves of Change in Your Church* (Grand Rapids: Revell, 1995).

CAPÍTULO 1: CEGADOS POR EL LADO OSCURO

1. Norman Shawchuck, *Leading the Congregations: Caring for Yourself While Serving the People* (Nashville: Abingdon, 1993), 94-95).

CAPÍTULO 2: COMPAÑÍA EN EL LADO OSCURO

1. Nathaniel Hawthorne, *The Scarlet Letter* (New York: Bantam, 1989), 128-34.

2. Chris Burbach y Julia McCord, "Omaha Pastor Charged with Exposing Himself", *Omaha World-Herald*, 31 de mayo de 1995, sec. B, p. 13.

3. Cindy Gonzalez, "Convicted Pastor Takes Sabbatical", *Omaha World-Herald*, 7 de agosto de 1995, sec. B, p. 11.

4. Charles E. Shepard, *Forgiven: The Rise and Fall of Jim Bakker and the PTL Ministry* (New York: Atlantic Monthly Press, 1989), 546.

5. Ibid., 547.

6. El reciente libro de Jim Bakker revela un intento de ponerse en contacto con su lado oscuro. Jim Bakker con Ken Abraham, *I Was Wrong* (Nashville: Thomas Nelson, 1996).

7. Lynne y Bill Hybels, *Rediscovering Church: The Story and Vision of Willow Creek Community Church* (Grand Rapids: Zondervan, 1995), 24.

8. Ibid., 106.

CAPÍTULO 3: ARROJAR LUZ DIVINA SOBRE EL LADO OSCURO

1. R. Laird Harris, Gleason L. Archer, Jr., y Bruce K. Waltke, *Theological Wordbook of the Old Testament*, vol. 2 (Chicago: Moody, 1980), artículo 2121a, 833.

2. Warren Bennis, *On Becoming a Leader* (Reading, Mass: Addison-Wesley, 1989), 45.

3. G. Ernest Wright, *Great People of the Bible and How They Lived* (Pleasantville, N. Y.: Reader's Digest Association, 1974), 145.

4. La información registrada por Salomón en Eclesiastés 2:1-11 parece ser coherente con los síntomas del desorden de personalidad narcisista (ver el capítulo 8 para una definición de este desorden de personalidad y una discusión más completa sobre este tema).

5. Éxodo 18:13-27 indica que Moisés sintió la necesidad de exhibir control personal sobre un vasto número de personas y un sentido de que solamente él era capaz de hacer el trabajo correctamente. Además, las numerosas erupciones públicas de ira de Moisés parecerían indicar algo de ira reprimida, posiblemente por su pasado fracaso en Egipto (ver el capítulo 7 para una definición de este desorden de personalidad y una discusión más completa sobre este tema).

CAPÍTULO 4: CÓMO SE DESARROLLA EL LADO OSCURO

1. Robert A. Jonson, *Owning Your Own Shadow: Understanding the Dark Side of the Psyche* (San Francisco: HarperSanFrancisco, 1991), 4.

2. Ibid.
3. Ralph G. Martin, *Seeds of Destruction: Joe Kennedy and His Sons* (New York: G. P. Putnam's Sons, 1995), 18.
4. Ibid.
5. Ibid., 23.
6. Ibid., 373.
7. Ibid., 372.
8. Bernard Weiner, *Human Motivation* (Hillsdale, N. J.: Lawrence Erlbaum Associates, 1980), 412.
9. James MacGregor Burns, *Leadership* (New York: Harper and Row, 1978), 79.
10. Ibid., 92.
11. Ibid., 91.

CAPÍTULO 6: PARADOJAS DEL LADO OSCURO

1. PTL significaba "Gente que ama" durante las primeras fases de ese ministerio y "Gloria a Dios" durante sus años finales.
2. Shepard, *Forgiven*, 30.
3. Ibid., 11.
4. Ibid., 18.
5. Ibid., 556.
6. Ibid., 559.
7. William Martin, *A Prophet with Honor: The Billy Graham Story* (New York: Quill, 1991), 74.
8. Ibid., 197.

CAPÍTULO 7: EL LÍDER COMPULSIVO

1. Los lectores exhaustivos y atentos de la Biblia observarán que la madre y la hermana de Moisés adoptaron un interés activo en él durante sus años de niñez (Ex. 2:4-9). Él realmente no fue abandonado pero puede que a veces se sintiera abandonado. Los niños adoptados a menudo se sienten rechazados y desposeídos aunque puede que tengan una buena relación tanto con sus padres adoptivos como con los biológicos. Moisés puede que experimentara sentimientos similares como resultado de las singulares circunstancias de su niñez y su crianza.
2. Theodore Millon, *Disorders of Personality* (New York: John Wiley and Sons, 1981), 218.
3. Ibid., 225.
4. Ibid.
5. Ibid., 219.
6. Ibid., 227.
7. Ibid., 228.

CAPÍTULO 8: EL LÍDER NARCISISTA

1. Thomas Moore, *Care of the Soul: A Guide for Cultivating Depth and Sacredness in Everyday Life* (New York: Harper Perennial, 1992), 57-71.
2. Alexander Lowen, M.D., *Narcissism: Denial of the True Self* (New York: MacMillan, 1983), 6.
3. Ibid.
4. Millon, *Disorders of Personality*, 159.
5. Shepard, *Forgiven*, 554.

CAPÍTULO 9: EL LÍDER PARANOICO

1. Millon, *Disorders of Personality*, 372.
2. Ibid., 373.

CAPÍTULO 10: EL LÍDER CODEPENDIENTE

1. David Maraniss, *First in His Class: A Biography of Bill Clinton* (New York: Simon and Schuster, 1995), 30.
2. Ibid., 31.
3. Ibid., 32.
4. Ibid., 39-40.
5. Ibid., 38.
6. Paul M. Fick, *The Dysfunctional President: Inside the Mind of Bill Clinton* (New York: Carol Publishing, 1995), 42.
7. Ibid.
8. Ibid., 64.
9. Ibid., 67.
10. Ibid., 6.
11. Merrill F. Unger, *The New Unger's Bible Handbook* (Chicago: Moody, 1966), 97.
12. C. J. Goslinga, *Bible Student's Commentary: Joshua, Judges, Ruth* (Grand Rapids, Zondervan, 1986), 409.
13. Melody Beattie, *Codependent No More: How to Stop Controlling Others and Start Caring for Yourself* (San Francisco: HarperSanFrancisco, 1987), 32.
14. Ibid., 38.

CAPÍTULO 11: EL LÍDER PASIVO-AGRESIVO

1. Millon, *Disorders of Personality*, 246.
2. John R. Lion, *Personality Disorders: Diagnosis and Management* (Baltimore: Williams and Wilkens, 1981), 587.
3. Millon, *Disorders of Personality*, 253.
4. Ibid., 246.
5. Ibid., 254.

CAPÍTULO 12: CÓMO SOBREPONERSE AL LADO OSCURO

1. Donald T. Phillips, *Lincoln on Leadership: Executive Strategies for Tough Times* (New York: Warner, 1992), 80.
2. Ibid.
3. Ibid., 81-82.
4. Ibid., 82.
5. Bennis, *On Becoming a Leader*, 69.

CAPÍTULO 13: PASO 1: Reconocer su lado oscuro

1. "Fallen Clinton Advisor: Job Altered Reality", *Omaha World-Herald*, 24 de noviembre de 1996, sec. A, p. 3.
2. Dicho por Jeffrey Zaslow, "Straight Talk" *USA Weekend*, 7-9 de febrero de 1997, 18.

CAPÍTULO 14: PASO 2: Examinar el pasado

1. Zaslow, "Straight Talk", 18.
2. Bennis, *On Becoming a Leader*, 64.
3. Esto no es para descartar la posibilidad de que un individuo pueda haber reprimido profundamente recuerdos de eventos traumáticos y dolorosos de la niñez, como el abuso de algún tipo que él o ella se niegan a recordar subconscientemente.
4. Bennis, *On Becoming a Leader*, 67.
5. Ibid., 61.
6. Neil Anderson, *Victory over the Darkness: Realizing the Power of Your Identity in Christ* (Ventura, Calif.: Regal, 1990), 201.
7. Ibid., 203-5.

CAPÍTULO 15: PASO 3: Resistir el veneno de las expectativas

1. Robert L. Edmondson, *It Only Hurts on Monday: Why Pastors Quit and What Churches Can Do about It* (D. Min. diss., Talbot School of Theology, Biola University, diciembre de 1995), 111-12.
2. Ibid., 295.
3. Charles R. Swindoll, *The Grace Awakening* (Dallas: Word, 1990), 129.
4. Ibid., 132.

CAPÍTULO 16: PASO 4: Practicar el autonocimiento progresivo

1. Anne Broyles, *Journaling: A Spirit Journey* (Nashville: The Upper Room, 1988), 13.
2. John Maxwell, entrevista personal, Denver, 17 de mayo de 1995.
3. Richard Dortch, "Blind Spot", *Leadership: A Practical Journal for Church Leaders* XV, no. 3 (verano de 1994): 79.
4. Ibid.
5. Ibid.

Gary McIntosh es director del programa Doctor of Ministry en la escuela teológica Talbot School of Theology en La Mirada, California, donde también sirve como profesor de ministerio y liderazgo cristianos. Ha servido como presidente de la sociedad American Society for Church Growth y es líder de seminarios conocido nacionalmente. Edita las publicaciones *Church Growth Network Newsletter* y *Journal of the American Society for Church Growth*.

Samuel D. Rima recibió su bachillerato de la universidad de Eastern Washington y sus títulos de maestría en divinidades y doctorado en ministerio por la escuela teológica Talbot School of Theology. Sirve como pastor principal en la iglesia Eagle Heights Church en Omaha y como miembro adjunto de la facultad en la universidad Grace University en Omaha. También ha servido como plantador de iglesias, instructor con el ministerio Walk Thru the Bible Ministries y como maestro en la escuela Talbot School of Theology.

Te invitamos a que visites nuestra página web donde podrás apreciar la pasión por la publicación de libros y Biblias:

www.casacreacion.com

 @CASACREACION

 @CASACREACION

 @CASACREACION

Para vivir la Palabra